KB013238

박물관
CEO

박물관CEO

사람과 사람을 이어 주는 업

초판 1쇄 인쇄 2018년 11월 13일
초판 1쇄 발행 2018년 11월 20일

-

지은이 최광식
펴낸이 이방원
기 획 이윤석
편 집 김명희·안효희·강윤경·홍순용·윤원진
디자인 손경화·박혜옥
영 업 최성수
마케팅 이미선

-

펴낸곳 세창미디어
출판신고 2013년 1월 4일 제312-2013-000002호
주소 03735 서울특별시 서대문구 경기대로 88 냉천빌딩 4층
전화 02-723-8660 | 팩스 02-720-4579
이메일 edit@sechangpub.co.kr | 홈페이지 http://www.sechangpub.co.kr

-

ISBN 978-89-5586-545-5 03320

이 도서의 국립중앙도서관 출판시도서목록(CIP)은 서지정보유통지원시스템 홈페이지(http://seoji.nl.go.kr)와 국가자료공동목록시스템(http://www.nl.go.kr/kolisnet)에서 이용하실 수 있습니다. (CIP제어번호: CIP2018036347)

박물관 CEO

사람과 사람을 이어 주는 업

최광식 지음

세창미디어 MEDIA

목 차

고려대학교대학원 문화유산 협동과정에서 박물관학 전공 학생들을 위해서 '박물관 경영' 강좌 의뢰가 온건 2017학년 2학기이다. 『뮤지엄 경영과 전략』, 『뮤지엄 경영자』 등을 교재로 강의를 진행하였는데 무언가 아쉬움을 느꼈다. 그래서 박물관을 직접 경영해 온 박물관장들을 만나 그들의 경험을 듣는 것이 필요하다고 생각하였다. 고려대학교박물관장과 국립중앙박물관장을 역임하며 친분을 맺은 박물관장님들을 방문하여 박물관 운영에 대한 귀한 경험을 듣기로 하였다.

고려대학교박물관에서 개설한 문화예술 최고위과정 1기를 수료하신 코리아나 화장박물관 유상옥 관장님, 삼성출판박물관 김종규 관장님, 우리옛돌박물관 천신일 이사장님, 쇳대박물관 최홍규 관장님이 쾌히 승낙해 주셨다. 그리고 이웃에 있는 한국가구박물관 정미숙 관장님과 평양에서 룸메이트였던 목아박물관 박찬수 관장님도 인터뷰에 응해 주시기로 하였다. 이 기회에 필자도 고려대학교박물관과 국립중앙박물관을 운영하며 겪었던 내용 일부라도 남겨놓는 것이 좋겠다고 생각하여 동참하였다.

학생들에게 질문할 내용의 가이드라인을 주고 해당 박물관과 관장님들의 자료를 기초로 질문지를 작성케 하였다. 그리고 각 박물관을 방문하여 인터뷰를 진행하였다. 인터뷰가 진행되던 중 박물관장님들의 소중한 경험들을 묶어 아카이브를 구축할 생각이 들었다. 이런 생각으로 학생들에게 인터뷰한 내용을 리포트로 제출하도록 하였다. 그러나 내용과 수준이 천차만별이어서 하나의 책으로 묶기에는 부족했다. 원고를 박물관학 박사인 이광표 교수에게 보여주었더니 수정 보완하여야 할 부분들을 조언해 주었다.

수정된 원고를 출판사에 보내자 원고가 일관성이 없다며 재정리를 요청해 왔다. 그래서 처음 원고가 인터뷰가 주된 구성이었다면 재정리한 원고 1장은 고려대학교박물관장과 국립중앙박물관장 시절 이야기로, 2장은 다른 관장님들의 이야기를 논어의 덕목을 키워드로 해서 다시 정리하였다. 그리고 3장은 2013년 대학박물관협회 학술대회에서 기조 강연한 내용을 수정 보완하여 미래 박물관의 비전으로 제시하였다.

이 책은 많은 사람과 함께 노력한 결과이다. 무엇보다도 여러 박물관장님의 소중한 경험이 토대가 되었으며, 이를 녹취하여 정리한 대학원생들(박사과정의 조은영, 신유진, 박창선, 석사과정의 박중선, 구본태, 남현지, 안영지)의 공동 작업이 바탕이 되었다. 아울러 여러 박물관 학예사들이 사진을 보내주었으며, 원고를 꼼꼼히 읽고 교정을 보아준 최희준 박사의 노고에 감사한다. 그리고 일관성 있게 편집을 해준 이윤석 실장과 세련된 책으로 만들어 준 세창미디어에게 감사를 전한다.

2018년 11월
최 광 식

1장

'의미'와 '재미'로 운영한 박물관

역사학을 전공한 역사학도라고 하지만 박물관과 연관된 일을 한다는 것은 쉽지 않은 일이다. 최근 인문계 취업난을 생각하면 더욱 그렇다. 2000년 2월부터 2008년 3월 초까지 고려대학교박물관장, 2008년 3월에서 2011년 2월까지 국립중앙박물관장, 총 11년에 걸쳐 관장직을 맡아 일할 기회를 가졌다. 이외에도 문화재청과 문화체육관광부에서 공직생활을 하였지만, 영원한 역사학도라는 자부심은 지금도 소중하다.

11년간을 유물과 전시 속에서 보낸 박물관장 생활은 한마디로 '법고창신(法古創新)'이라 말할 수 있다. 이전의 것을 바탕으로 새것을 창안하는 곳으로 박물관처럼 맞는 곳도 드물다. 유물과 미술품을 모아 궁리하고 전시하는 일도 그러하지만, 옛 인물을 현대의 관람객에게 소개하고 보여 주는 일도 그렇다. 더욱이 박물관의 특성상 앞에서 보이는 것보다 알려지지 않은 이야기가 많다. 그래서 박물관장으로서 경험을 모아 보았다.

과거와 꿈을 이어 준 곳

어린 시절, 나에게 박물관은 꿈과 같은 공간이었다. 당시 볼거리, 놀거리가 충분치 않은 시절이라 더욱 그랬다. 전시관 유리창 너머에 있는 유물을 보고 있노라면 지금과 다른 모습에 호기심이 들었다. 아마도 이런 호기심이 자라나서 대학교를 사학과로 지원했는지도 모른다. 우리 역사에 대한 목마름은 대학원으로도 이어졌다. 박물관 관람은 물론 발굴현장에서도 남들보다 적극적으로 유물을 대했다.

효성여자대학교 사학과 교수시절, 1984년 9월부터 1985년 8월 말까지 일본에서의 경험이 나에게는 터닝포인트였다. 처음에는 주변 센다이 인근의 박물관, 다음에는 도쿄, 오사카 등 거기서 보고 느낀 것이 박물관장으로서 일할 때 많은 도움을 주었다. 그리고 1999년까

경북 영주시 가흥리 암각화 고대사팀 답사(2006).

중국 산서성 오대산 고대사팀 답사(2010).

지 유럽, 미국, 중국의 수십여 개 박물관을 보고 경험하였다.

이 중에서도 멋진 야경을 자랑하는 러시아 '에르미타주박물관(The State Hermitage Museum)'이 기억에 남는다. 잘 정리된 유럽과 러시아 회화, 세계 4대 미술관을 자랑하는 규모에서 러시아인들의 예술에 대한 긍지를 느낄 수 있었다. 아기자기한 미국의 박물관들은 하나하나가 개성이 넘쳤다. 특히 캘리포니아 공과대학이 있는 곳으로 유명한 페서디나(Pasadena) 근처 'USC 아시아태평양박물관(Pacific Asia Museum)'의 아시아 유물 전시가 눈길을 끌었다. 2007년 한국관이 생길 정도로 한국 문화와 예술에 대한 관심을 보여 준 곳이다. 프랑스 '기메(Guimet)박물관'도 한국 유물이 많이 전시되어 있었다.

또한, 북한의 박물관을 보며 역사 동질감과 함께 안타까움이 많았다. '중앙력사박물관'에서는 우리의 유물과 기억들을 보며 새삼 한민족이라는 뭉클함이 있었지만, 보관과 보존 기술이 미비해서 '통일까지 제대로 남아 있을까?'란 걱정도 되었다. 그런 면에서 보존시설과 보안이 잘 된 '국제친선전람관'은 특별함이 있었다. 여기는 김일성 주석과 김정일 위원장이 외국 원수나 VIP에게 받은 선물을 모아 놓은 박물관으로 개성 넘치는 전시가 특징이다. 그러던 중 2000년도가 되자 고려대학교 김정배 총장이 나를 불렀다. "박물관을 많이 본 사람이 박물관장을 해야지"라며 고려대학교박물관장을 맡아 달라고 당부했다.

고려대학교박물관에서(2018).

박물관으로 아이들을 보내 주세요

고려대학교박물관은 지금의 대학원 도서관 꼭대기 층에서 시작되었다. 당시 초대 보성전문 도서관장이셨던 손진태 선생이 개교 30주년 기념사업으로 인촌 김성수 선생의 지원을 받아 시작했다. 그 뒤 전시물과 기증품이 늘자 독립된 박물관이 절실해진다. 1962년, 드디어 지금의 신법학관 자리에 박물관이 들어섰다. 1, 2, 3층은 박물관으로 4층은 민족문화연구소가 자리하였다. 이 같은 독립된 박물관 건립 배경에는 신창재와 박재표라는 컬렉터의 이야기가 전해진다.

1950년대 진주 지역에는 유명한 컬렉터로 신창재 선생과 박재표 선생이 있었다. 이 중 박재표 선생이 자신의 소장품을 모아 박물관을 세울 생각을 하게 된다. 그러던 중 부족한 건립금액을 소장품을 담보로 신창재 선생에게 돈을 빌린다. 6·25전쟁 후유증에 시달리던 불안한 사회에서 박물관 건립이 쉽지만은 않았다. 차일피일 박물관 건립은 미루어지고 그 와중에 박재표 선생은 빚만을 남기고 사망한다. 약속에 따라 신창재 선생이 소장품을 회수하려 하자 유족의 반대에 부딪힌다. 재판으로 이어진 다툼은 박재표 선생 유족과 신창재 선생에게 마음의 상처를 주었다.

이때 중재인이 "박재표 선생이 우리 민족을 위해 박물관 건립이라는 훌륭한 뜻을 세웠으니 이것을 살립시다. 여러 사정을 고려해 대학교에 맡깁시다. 민족의 대학, 고려대학교가 있지 않습니까"라고 양측에 제의한다. 그리고 고려대학교에는 박물관을 먼저 세워야 한다는 조건을 붙였다. 당시 유진오 총장은 이러한 제의를 받자 "유물을 인수하고 5년 안에 박물관을 지어 주겠다"는 약속을 한다. 하지만 넉넉지 않은 대학재정으로 건립이 미뤄지자, 대학원으로 짓고 있었던 건물에 박물관이 들어선다.

아마도 이전 고려대학교박물관을 방문한 관람객들은 '박물관에 왜 이렇게 기둥이 많지?'라는 의문을 가졌을 것이다. 대부분의 박물관이 넓고 확 트인 전시공간을 자랑하던 때, 고려대학교박물관은 곳곳의 기둥들로 오밀조밀한 느낌을 주었다. 이것은 원래 용도인 대학원 강의실의 벽을 이어 주는 기둥이었다는 역사 때문이다.

이러한 우여곡절을 겪으며 건립된 박물관에 관장으로 부임하며 부딪힌 가장 큰 문제도 건물이었다. 이전 도서관에 있었던 규모에

비하면 넓어진 공간이었지만, 40여 년이 지나자 기증을 받거나 확보한 유물의 전시와 소장이 큰 문제로 남았다. 1995년 개교 90주년을 맞아 박물관 건립이 추진되었다. 하지만 부족한 연구실과 강의실 등에 밀려 다음을 기약하게 된다. 2000년이 되자 박물관은 넘치는 유물과 다른 박물관에 비하여 초라한 내외부 공간으로 새로운 공간조성이 절실하였다. 더욱이 고려대학교는 100년을 넘어 세계적인 대학교로 거듭나는 시점이라 새로운 모습을 보여 줄 기회이기도 했다. 지난 1995년 박물관 건립 추진에서도 그러했지만 10년이 지난 뒤에도 대학 재정은 여유가 없었다. 반대 여론도 한결같이 부족한 연구실과 강의실을 우선하자는 것이었다.

2000년 대내외의 이런저런 문제와 함께 총장의 권유로 박물관장에 임명되었다. 박물관 내부에서는 시급한 문제로 새로운 박물관 건립을 들었지만, 우선은 학교에서 박물관이 가지는 가치를 재정립하는 것이 중요했다. 그리고 문제를 해결할 실마리를 교수와 직원, 학생들에서 찾는 것이 옳다고 보았다. 부족한 연구실과 강의실도 중요한 문제지만 민족의 역사와 함께한 박물관 또한 그에 못지않게 중요하다는 생각이었다. 박물관은 과거의 사람과 현재, 미래의 사람을 이어주는 공간의 역할을 한다는 신념도 있었다. 모든 사람이 고려대학교를 역사 속에서 찾는 지표로서의 박물관, 그래서 '교수, 직원, 학생의 마음을 먼저 잡자'는 미션을 내걸었다.

새로운 박물관 건립계획과 함께 미션을 실행에 옮기는 문제로 취임 이후 여러 날을 고민하였다. 마침 현대미술 190여 점이 5월 전시를 앞두고 준비에 한창이었다. 전시품은 국내 대표적인 서양 화가 145명과 작품들로서 1934년 박물관 출범 이후 소장품들이다. 여기에 박물관의 위상을 높이고자 작품을 200점으로 맞추고 〈2000년에 보는 한국미술 200선〉으로 정하였다. 작품들은 다른 전시에서 보기 힘든 박수근의 복숭아 정물화와 이중섭의 「꽃과 노란 어린이」, 이대원의 「농원」, 변영원의 「자화상」 등 개막 전부터 신문방송에서 기대가 남달랐다.

이런 관심이 학교 내 박물관의 가치를 재점검하는 좋은 기회라고 여겼다. 하지만 특별전 개막일이 5월 5일 고려대학교 개교기념일이자 어린이날이었다. 어느 조직이나 휴일을 직장에서 보내는 것을 좋아할 직원은 없다. 생각 끝에 아이들과 함께 보내는 휴일에 다른 곳보다도 학교박물관을 먼저 찾자는 제안으로 "교수, 직원 자녀들을 박물관으로 보내 달라"고 학교에 건의하였다. 우려 속에 진행된 프로그램은 모집정원 50명에 150명 넘게 지원하는 성공을 거두었다. 더욱이 참가한 부모들이 자신의 직장인 대학박물관에서 아이들이 즐겁게 시간을 보내고 퇴근 시간에 같이 집으로 돌아가는 것으로 호응도가 높았다. 아이들 또한 "또 해 주세요!"를 연발해서 다음 해에도 프로그램을 이어 가게 된다.

이처럼 학교 내외로 박물관에 대한 관심과 지지가 높아지자 새로운 박물관 건립도 자연스럽게 받아들이기 시작했다. 그런데 막상 박물관 건립이 기정사실로 되자 어떻게 만들지 고민되었다. 이전 국내외의 박물관을 체험한 것은 전시와 유물이었지 박물관 자체는 아니었다. 이제 박물관장으로서 전시와 기타 공간에 대해 계획을 하자니 여러 문제에 부딪혔다. 보안(security), 마케팅(marketing) 등 제대로 된 박물관에 필요한 요소들은 산 넘어 산처럼 많았다.

그중에서 화재에 대비한 방재시설이 가장 큰 고민이었다. 잘 지어진 박물관의 척도가 방재시설에 있다고 해도 과언이 아니다. 유럽 대부분의 박물관은 소장 작품들이 유화인 까닭에 물로써 화재를 진압하지만, 우리 미술품은 물에 취약했다. 그래서 최종으로 독성이 있다는 단점에도 불구하고 할론가스로 결정되었다. 수장고의 위치도 중요한 선택의 문제였다. 전시품의 이동과 외부 출납에 편리한 장소로 선택되어야 하지만 보안 때문에 쉽게 선택할 수 없는 문제였다.

'도서관(library)과 박물관을 어떻게 함께 건축할 것인가?'도 고민의 하나였다. 이상적인 박물관은 단순한 유물 전시가 아닌 유물을 통한 역사 인식과 지식을 유물에서 확인하는 것이라고 보았다. 그리고 박물관이 대학교에 있어 평상시에는 학생들과 일반인들이 찾지 않을 것이란 판단도 들었다. 이것을 건립 계획을 세우는 중 방문한 오사카역사박물관과 퐁피두센터(Centre Pompidou)에서 힌트를 얻었다. 일본의 오사카역사박물관은 NHK홀과 같이 있어 방송·역사·문화를 같이 볼 수 있었다. 프랑스의 퐁피두센터는 아래위로 박물관, 도서관이 있어 유물을 통한 역사지식에 대한 접근이 쉬웠다. 그래서 고

고려대학교박물관에서(2017).

려대학교박물관은 좌우로 자리해 양쪽 출입을 더 자유롭게 하였다. 박물관이 도서관과 함께 있으면 학생들이 공부하다가 미술품과 유물도 보면서 휴식과 공부가 같이 병행될 것이란 취지였다.

지금 고려대학교박물관은 유물의 등록부터 수장, 전시까지 모두 시스템으로 처리된다. 더욱이 일반인들은 지하철을 내리면 학교를 거치지 않고 바로 박물관으로 들어올 수 있다. 학교 내에서도 도서관과 같이 있어 학생들의 출입이 자유롭다. 이것은 관람자의 시선에서만 보아 온 박물관을 경영자의 입장에서 생각한 결과라고 생각한다.

사람과 사람을 이어 주는 직업

박물관은 자연물을 전시하는 곳을 제외하고 대부분이 인공물, 즉 사람이 만든 물건을 보여 준다. 박물관에 오면 (과거)사람을 만날 수 있고 그들과 만나게 하는 직업이 박물관업이다. 그래서인지 모든 일에는 사람과의 인연이 중요하다는 말이 새삼스럽다. 2000년 박물관장으로서 첫 출근에 사람을 잘 사귀어 두라는 선배들의 충고도 이와 같았다는 생각이다.

첫 사업으로 시작한 박물관 건립은 직원들과 여러 사람의 도움을 받아 성공을 거둘 수 있었다. 하지만 이러한 관심과 지지를 잘 이어 나가는 것이 숙제였다. 이제까지 학자로서, 교수로서 학문에만 매진해 온 나에게 박물관장으로서의 직책은 이론과 현실의 벽처럼 느껴졌다. 앞의 새로운 박물관 건립이 선행 문제였다면 다음은 유물과 전시가 당면 문제로 다가왔다. 유적발굴에 대한 지원마저 끊어진 상태이고 비싼 고미술품 구매는 예산 문제로 힘든 상황이었다.

이때 눈을 돌린 것이 현대사 자료들이다. 고고미술 유물과는 달리 근현대사 유물들은 대부분 유족이나 후손들의 기증으로 이루어진다. 특히 대학박물관의 특성을 살려 학교와 관련된 인물과 유관 자료들은 찾기가 쉽고 상징성이 클 것이라는 예상도 되었다. 마침 박물관장으로 취임한 2000년이 손진태 선생 탄생 100주년이 되는 해였다. 초대 보성전문 도서관장이셨던 손진태 선생은 고려대학교와의 인연 외에도 민속학자이자 역사학자로서 일반인에게도 잘 알려지신 분이다.

시작은 선생의 뜻과 학문을 되새겨 보는 세미나 개최가 목표였다. 하지만 당시 회장으로 활동하던 역사민속학회에서 임원들이 "이왕 박물관장이 되셨으니 세미나와 함께 특별전을 하는 것이 어떨까요?"라는 의견을 주었다. 부랴부랴 자료를 수배하던 중에 우연히 고려대학교 대학원 문화유산협동과정의 도움을 받게 되었다. 당시 재학 중이던 김영자 씨의 고등학교 동창이 손진태 선생의 딸(손경수)이라는 것이다. 그리고 손경수 씨는 아버지의 유물은 오빠인 손대연 씨가 가지고 있다고 알려 주었다.

어렵사리 구한 유물들로 특별전을 무사히 끝내고 손대연 씨의 집으로 다시금 찾아갔다. 감사인사를 나누는 서재 한편에 라면박스가 유달리 눈에 띄어 물어보았다. "저건 아버지가 쓰시던 원고인데 어머니가 6·25 피난 시절에도 소중히 여기시며 간직하셨어요"라는 대답이었다. 흥분된 마음에 박스를 열어 보니 손진태 선생의 미발표 원고들이었다.

그 결과로 언론과 학계에서도 주목한 『남창 손진태 선생 유고집』이 만들어진다. 1권은 미발표 원고의 대부분을 차지한 『조선상고문화의 연구』가, 2권은 나머지 미발표 원고와 서간문을 엮어 『우리의 민속과 역사』로, 그리고 손진태 선생이 직접 채록한 구포별신굿 사설을 엮은 자료 등 3권으로 구성되었다. 이후로도 독립운동가이자 사학자인 안재홍 선생의 자료, 유진오 전 고려대학교 총장의 한일회담 협상자료, 전 고려대학교 교수이자 민주화 운동가 이문영 선생이 김대중 전 대통령과 민주화 운동을 하면서 30여 년간 쓴 일기 등이 사람과 사람 사이의 인연으로 모여진다.

우리의 근현대사를 다시 돌아보게 한 손진태 선생의 유물처럼 아마도 박물관에서 적극적으로 나서 주지 않았다면 그대로 묻히거나 사라질 자료들이었다. 그리고 역사를 연구하며 외국과 항상 비교되는 것으로 자료의 충실함을 들 수 있다. 가치와 사실 여부를 떠나서 다양한 사료는 역사를 편협되지 않게 보는 증거가 된다. 이렇게 모인 현대사 자료는 10건이 넘었고 박물관 내에서 자연스럽게 아카이브를 형성하였다. 지금 100주년기념관에는 박물관, 도서관, 아카이브가 모두 갖춰져 있다. 이것이 가장 현대적 박물관이라 말하는 '라

고려대학교박물관 인촌기념 전시실.

키비움(Larchiveum, 도서관·기록관·박물관의 합성어)'이다. 이처럼 박물관은 단순한 전시관람이 아닌 관람자들이 와서 유물, 기록 자료, 책을 보는 하나의 문화복합공간으로 재탄생하여야 한다.

어느 날, 지진이 나서 박물관에 화재가 발생했다. 애인에게 전시물을 설명해 주며 달콤한 한때를 보내던 직원도 서둘러 대피를 한다. 하지만 막상 박물관 밖으로 나온 직원의 손에는 애인의 손이 아닌 유물이 들려 있었다. 같이 있던 관람객이 애인의 안부를 묻자 "애인은 변하지만, 유물은 영원합니다"라고 답했다고 한다. 우스갯말이지만 이처럼 박물관에서 가장 중요한 것은 유물이다. 박물관 순위도 유물의 수로써 매겨진다고 해도 과언이 아니다.

고려대학교박물관은 고고·미술품을 합쳐 10만 점이 넘는다. 박물관이 이렇게 유물을 많이 갖게 된 것은 많은 교우와 지인들의 협조가 없었다면 불가능하였다. 고려대학교박물관 창립자이신 인촌 김성수 선생의 컬렉션과 역사민속학자 손진태 선생이 대표적인 인물이다. 이 외에도 우리나라 최초로 옹천패총을 발굴하여 학문적 성과를 높인 김정학 교수의 출토유물 전시, 안동댐 수몰지역에서 민속품을 트럭으로 가져온 윤세영 관장 등 지금의 박물관을 만든 숨겨진 인물이 많다.

앞서 현대사 자료 수집처럼 고려대학교 역사자료에도 많은 이야기와 인물이 있었다. 지금의 박물관 1층 기록자료실은 고려대학교의 역사를 볼 수 있는 오리엔테이션 센터 역할을 하고 있다. 일반인들은 의아할지도 모르지만 이곳에서 손꼽는 자료 중 하나가 〈고대 데모 사건 개요〉이다. 1960년대 고려대학교에서 데모가 열렸을 때 형사들이 검거된 학생들을 심문하여 만든 운동권 조직도이다. 이것을 당시 고려대학교 출신 검사가 검사실 자료를 입수하여 학교에 기증한 것이다. 원래는 소각되어야 할 자료지만 어두운 우리 현대사의 단면을 잘 보여 주는 자료 중 하나로 꼽힌다.

유물과 함께 역사 인물에 대한 이미지메이킹도 박물관의 주요 홍보수단이다. 그래서 당시 박물관을 대표하는 인물로 '인문과학'에 조지훈, '사회과학'에 유진오, '자연과학'에 이호왕을 내세우고 전시를 준비했다. 그런데 조지훈 선생의 자료가 거의 없는 것이었다. 급하게 자료를 유족들에게 문의하니 UN대사이며 조지훈 선생의 막내아들 조태열 씨가 소장하고 있다는 연락을 받았다. 당시 외교관 신분이라 한 달 반을 기다렸다가 만났지만, 이미 아버지의 고향인 경상북도 영양군에 기증키로 하였다는 실망스러운 대답을 들었다. 학교에 대한 자긍심을 앞세운 꾸준한 설득으로 고려대학교박물관이 원본을 기증받고, 영양군에 그 복제품을 만들어 주었다.

자화자찬일지도 모르지만 대학박물관으로 고려대학교박물관이 우리나라에서 제일 크고 시설도 좋다고 생각한다. 더욱이 재임 시절부터 시작된 일반인과 함께 소통하며 즐기는 박물관은 지금도 이어지고 있다. 이것은 대학박물관으로서 특징을 잘 살린 결과일 것이

고려대학교박물관 100년사 전시실.

다. 또한, 일반관람객도 도서관과 기록관을 통해서 깊이 있는 역사 지식을 얻을 수 있는 특징도 있다. 그리고 전문가, 대학교수가 학술 발표를 하는 심포지엄, 세미나 등도 쉽게 접할 수 있다. 아카데미를 통한 유물에 대한 접근도 쉽고 체계적인 학습도 가능하다. 이처럼 일반인은 박물관의 존재의의를, 전문가는 박물관의 가치를 새기는 박물관이 더 많아졌으면 하는 바람이다.

특별한 것에
사람이 모인다

박물관의 특색과 볼거리는 특별전에서 잘 나타난다. 특별전은 소장 유물을 하나의 주제로 묶어 전시하거나, 특별한 유물, 시대별 상황에 맞는 전시로 언론과 관람객의 주목을 받는다. 국립중앙박물관을 비롯하여 모든 미술관, 박물관의 큐레이터와 학예사들이 특별전에 많은 노력을 기울이는 이유도 여기에 있다. 고려대학교박물관도 예외는 아니어서 매년, 매 시즌마다 고심과 노력 끝에 관람객을 맞이한다. 나는 2008년 3월까지 만 8년을 재직할 동안 20번이 넘는 특별전을 치렀다. 그중에서도 가장 주목을 받은 전시가 〈파평 윤씨 모자 미라 특별전(2003년 11월 7일에서 22일까지)〉이다. 몰려든 관람객으로 박물관 건물이 무너질까 걱정할 정도로 성공적이었지만 각별한 사연도 있다.

당시 파주에서는 파평 윤씨 정정공파가 묘지 이장작업을 하였다. 여기서 신원미상의 여성 미라가 발굴되었다는 소식이 들렸다. 20만 평에 이르는 종중묘역은 이전에도 미라가 빈번히 발견되어 언론과 학계에서 주목을 받았다. 그리고 우리나라 미라는 이집트의 미라와 달리 지역 특성에 따라 자연적으로 만들어지는 경우가 많다. 이전 단국대학교박물관이 남자아이 미라를 발굴 전시한 것이 우리나라 미라 전시의 시작이었다. 당시 김우림 학예과장이 와서는 "관장님, 그동안 좋은 유물이 열 개 정도 나왔는데 전부 단국대로 갔습니다"라며 애석해 했다. 그러면서 "이번에는 아주 좋은 유물이라 꼭 가져오고 싶다"며 협조를 구했다.

문제는 이런 미라를 전시하고 보존하는 것에 많은 노력과 협조가 이루어져야 한다는 점이다. 더욱이 사람의 사체라 병원의 협조가 간절한 상황이었다. 그래서 급하게 고려대학교 의과대학 병리학교실 김한겸 교수에게 협조를 부탁했다. 다행히 미라는 박물관으로 인수되었다. 그러던 며칠 뒤, 김한겸 교수가 다급한 목소리로 찾았다. 시체의 사인을 분석하던 MRI 판독에서 태아가 발견된 것이다. 뱃속 태아까지 발굴된 미라는 전 세계적으로도 희귀한 데다 사체의 상태가 너무 생생해 방금 사망한 것 같았다. 또한, 미라를 통하여 중요한 학술, 의학 자료들도 발견되었다. 미라와 같이 출토된 70여 벌의 옷들도 보관상태가 좋았다.

다음, 가장 의미 있는 전시로는 '한국 고대의 글로벌 프라이드, 고구려' 특별전(2005년 5월 7일부터 7월 10일까지)이 기억된다. 2005년 새로운 박물관 개관을 눈앞에 두자 기념이 될 만한 전시가 고민되었다. 그러던 중 고려대학교의 기상을 나타내는 고구려 특별전으로 의견이 모였다. 그동안 고구려 유물에 대한 국내 전시가 없었던 것은 아니지만 1985년 동경에서 본 전시에는 북한의 안악 3호분과 덕흥리 고분이 모형으로 전시되었다. 언론과의 인터뷰에서 당시의 감회를 "그 모형에 들어가서 보는데 눈물이 핑 돌더라고요"라는 말로 대신하였던 기억이 난다.

그렇게 우리의 문화유산 전시를 남의 나라에서 했다는 아픔을 떠올리며 북한과 접촉에 나섰다. 중국만 하더라도 고구려 유물이 많지만 정작 남한에는 관련 유물이 많지 않다. 반면 북한에는 많은 수의 유물이 출토되었고 아직도 발굴을 기다리는 곳이 많다. 5월 개관일에 앞서 여러 번의 방북과 답사를 진행하였다. 하지만 북한 특유의 행정처리로 3월이 되어도 확정이 불투명했다. 학교 내부에서는 결정을 독촉하고 다른 대안도 찾았지만, 시간상 다른 전시로 대체하기에 무리가 많았다. 그래서 굳은 결심을 하고 북한 담당자와 중국 심양에서 만났다.

북측 담당자에게 단도직입적으로 "오늘 결정을 내자!" 그러자 실무대표가 "폭탄주 10잔을 마시면 빌려주겠다"는 농담 섞인 협상을 내건다. 술이 약한 나는 죽을 각오로 먹었다. 7잔이 넘어가자 담당자가 먼저 손을 저었다. 그 모습에 오기가 생겨 "그래도 10잔 먹자"고 하였더니 그때야 빌려준다는 확답을 주었다. 후에 4월 5일까지 개성으로 와서 실무를 진행하기로 약속하였다.

4월 5일이 되어 직접 차를 몰고 북한으로 들어갔다. 원래는 현대아산 버스를 이용할 계획이었지만 휴일이라 운행이 안 되어 내 승용차로 방북하였다. 아마도 민간인 승용차로 직접 북한을 방문한 것은 역사적으로 처음일 것이다. 지금도 유물처럼 당시 방북한 차를 운전하고 있다. 막상 개성에 도착하니 금강산에서 유물을 인도하겠다는 통보가 왔다. 약속 날, 금강산에서 박물관 정호섭 학예사와 같이 기다리자 낯선 봉고차가 도착하였다. 마땅한 운송수단이 없어 유물을 차에 그냥 실어 온 것이었다. 기가 막힌 노릇이었지만 어쩔 수가 없었다. 혹여 국제 망신이라도 당할까 싶어 서둘러 유물을 검사하고 기록하였다.

모든 전시가 그렇지만 고구려 특별전은 북한유물이라는 사정상 많은 예산이 필요했다. 특별전을 계획할 때 고구려사왜곡대책위원장이라는 인연으로 서울시가 100만 달러 지원을 약속하였다. 막상 전시가 확정되자 특정 학교를 대상으로 100% 지원은 힘들다는 의견과 함께 서울시 지원금은 반으로 깎였다. 남은 50만 달러에 동분서주하자 당시 총장이던 어윤대 총장이 20만 달러를 지원해 주었다. 나머지는 재단의 김병관 이사장이 해결하여 주었다. 학교라는 든든한 지원군이 이때만큼 믿음직스러웠던 적이 없었다. 이런저런 사정으로 비용을 모은 사실을 북측도 알게 되었다. "만약에 이 시장이 돈을 안 주면 어찌할 뻔했소!" 당시에는 분명 성공하리라는 확신이 있었다. 그리고 예상대로 전시는 대성공이었다.

북한 '중앙력사박물관'과의 최초의 교류, 대학박물관 최초의 북한 유물 전시 등 고구려 특별전으로 고려대학교박물관이 최초라는 명예를 많이 받았다. 이것은 개인의 명예와 노력보다는 박물관 전직원과 학교의 적극적인 성원과 도움 덕분이라는 생각이다. 그리고 앞서 폭탄주와 예산확보처럼 박물관장도 일반 회사 CEO 같은 뚝심과 추진력이 필요하다는 것을 깨달았다. 이러한 노력을 관람객이 잘 증명하여 준 것이다. 더욱이 특별전 프로그램도 단순한 전시를 넘어 체험하고 느끼도록 고안하였다.

전문가가 유물을 바라보는 눈과 관람객이 보는 눈은 다르다. 전시기획자는 관람객의 눈높이에 맞추어 프로그램을 짜야 한다. 그래서 관람객이 유물을 느끼고, 체험하고 싶어 한다는 점을 특별전 프로그램에서 살렸다. 한 예로 무용총 벽화에 나오는 옷을 착용하고 기념촬영하는 코너가 유물보다 인기가 많았다. 이처럼 전시는 유물의 의미와 함께 재미를 같이 추구하는 것이 중요하다. 또한, 좋은 콘텐츠를 우선한 전시가 성공한다는 것을 알게 해준 사례다.

북한 평양에서 북한 담당자들과 만찬(2005).

북한 고구려무덤 앞에서 북한 담당자들과 논의 중(2006).

죽여주는 콘텐츠(Killer Contents)의 확보

2008년부터 맡게 된 국립중앙박물관장은 이전 고려대학교박물관의 연장이자 도약이었다고 생각한다. 고려대학교박물관장을 시작할 때 1만이었던 관람객 수가 8년이 지나자 대학박물관 최초로 10만을 돌파하였다. 그리고 평가에서도 우리나라 800여 박물관 중 최우수를 기록하였다. 그 공로를 인정받아 2007년 박물관인의 날에 대통령 표창을 받는 영광까지 안았다. 돌이켜보면 운과 시기가 적절하였다는 생각도 들지만, 무엇보다 같이 노력하고 힘써 준 직원과 학교 관계자의 공이 컸다.

고려대학교박물관 다음으로 국립중앙박물관장으로 재직하며 가장 기억에 남는 것은 우리나라 박물관 역사를 바로잡았다는 점이다.

그전까지는 조선총독부박물관 전신이라는 부끄러운 역사 때문에 1945년 일제강점기가 끝난 해를 우리나라 박물관의 출발로 잡았다. 그리고 2005년에는 60주년 기념식까지 치렀다. 하지만 우리나라 박물관의 시초는 1910년 국권찬탈 전인 1909년 대한제국 말기의 '제실박물관(帝室博物館)'이라는 사실을 알게 된다.

뜻하지 않게 발견된 역사 유물처럼 박물관 100년의 역사도 우연한 기회를 통해서 찾게 되었다. 취임 당시 박물관장으로 박물관을 제대로 아는 것을 우선으로 두었다. 더욱이 역사학자로서 우리나라 박물관 역사를 1945년으로 잡은 이유가 궁금하였다. 여러 자료를 찾던 중 우리나라 최초로 '제실박물관'이 있었고 당시 박물관 신축 도면까지 발견하였다.

이러한 발견을 기초로 우리나라 박물관의 역사를 다시 정리하여 대내외에 알렸다. 1909년 11월 1일 순종 임금의 뜻에 따라 국민에게 최초로 개방한 근대박물관이 시작이다. 그리고 1909년 만들어진 제실박물관은 1910년 국권침탈과 함께 이왕가박물관이 된다. 1938년 덕수궁으로 이전하였다가 광복 후 1946년에 덕수궁미술관으로 되었다. 한편 1915년 총독부가 세운 총독부박물관은 광복 후 국립박물관이 되었다. 그리고 1969년 덕수궁미술관과 통합하여 국립중앙박물관이 되었으며, 1972년에는 경복궁 경내 현재 국립민속박물관 자리로 오게 된다. 그러다 2005년에는 용산에 아시아 최대의 박물관으로 개관하여 현재에 이른다.

국립중앙박물관의 원래 명칭은 국립'종합'박물관이었다. 그러던 것이 당시 북한의 중앙력사박물관 이름에 영향을 받아 국립'중앙'박물관으로 정해지게 되었다. 이런 파란만장한 박물관의 역사를 대내외에 알리자 많은 관심을 받았다. 기존 40년을 더해 우리나라 박물관 역사가 100년으로 된 것에 일반시민들도 응원을 보내 주었다. 더욱이 박물관 직원들도 진심으로 응해 주고 적극적으로 협조해 주었다.

취임 초 고려대학교박물관과는 다르게 나를 대하는 국립중앙박물관 직원들의 분위기는 아주 좋지 않았다. 대통령과의 인연을 통한 낙하산 인사라는 소문과 실력이 검증되지 않았다는 평가가 많았다. 하지만 반전의 실마리를 이전 고려대학교박물관 건립에서 찾았다. 직원들과 진심으로 소통하고 서로의 가치를 확인하는 것이 우선이라는 생각이었다. 그래서 외부 약속보다는 직원과의 점심을, 부서에서 저녁 회식한다는 소식을 들으면 꼭 참석하였다. 못하던 술도 이때 많이 늘었다. 술과 함께 정을 부딪치며 어울리니 소문과 불신은 차츰 해소되었다.

앞서 말한 것처럼 우리나라 박물관 역사를 다시 쓰고 계획한 것이 2009년 〈한국 박물관 100주년〉 행사이다. 그런데 2005년 60주년 행사를 한 후라 다시 행사를 여는 것에 말이 많았다. 그래서 행사를 우리나라 박물관 전체의 행사로 기획하였다. 국립중앙박물관이 아닌 한국의 박물관 100주년으로 기념하여 다른 박물관의 참여를 구했다. 그리고 우리나라 박물관 축제로 만들어 보자는 취지로 박물관협회를 통해 설명하자 많은 박물관이 참여해 주었다. 재미있는 점은 우리와 비교할 수 없이 역사와 규모가 큰 중국의 반응이었다. 자신들도 박물관 역사를 100년으로 고쳐 기념사업을 한 것이다. 그리고 당시 아시아 최대 박물관이었던 국립중앙박물관을 벤치마킹해서 더 큰 국립박물관을 세웠다. 이처럼 박물관은 국가의 자존심과 같다. 그러한 자존심을 되찾은 〈한국 박물관 100주년〉 행사가 특별했음은 더할 말이 없다.

그래서 100주년 기념행사도 특별한 것을 많이 계획하였다. 대표적인 것이 4,500명의 관람객을 동원한 '박물관 패션쇼'다. 고구려 고분벽화에서 나온 의상과 기타 문화재를 모티브로 우리나라를 대표하는 의상 디자이너가 '옷에 문화를 입히다'라는 주제로 패션쇼를 열었다. 계획을 세우고 디자이너들을 초청한 자리에서 "파리나 뉴욕에 입고 가면 사람들이 다시 한 번 뒤돌아볼 수 있는 옷으로 만들어 달라"고 요구한 것이 잘 표현되었다. 새로운 시도이기에 앞서 박물관에서 의미와 재미를 찾아 준 좋은 예라는 생각이다.

또한, 100주년 기념사업 중 국립중앙박물관 상설전시실에 만든 '고조선실'은 나에게도 큰 의미가 있다. 이전 중국의 동북공정에 맞서서 고구려사왜곡대책위원장을 한 계기도 있지만, 전시실이 구석기부터 청동기, 삼국시대로 바로 이어지는 것에 불만이 많았다. 여기에 고조선실을 새로 넣어 우리 역사의 시작이 고조선부터라는 의미를 주자고 생각하였다. 그래서 전시관 순서를 '선사, 고대, 고려,

조선'으로 배열하고 고조선실을 최초로 삼한실, 부여실, 발해실도 신설하였다.

박물관장이자 역사학자로서 처음 이러한 제안을 하자, 반대가 많았다. 우리나라 대부분 박물관이 고고유물관, 고미술관으로 되어 있어 이런 역사 구분이 필요 없다는 것이다. 이것은 역사전시를 주로 하는 문화사박물관보다는 자연사박물관이 많은 미국의 영향을 받은 것이다. 상대적으로 역사가 짧은 미국은 자국 역사보다는 매머드와 공룡을 앞세울 수밖에 없다.

반면 유럽은 구석기, 신석기, 청동기 등 선사와 역사시대를 구분해 전시한다. 프랑스의 루브르와 영국의 브리티시도 여러 나라의 것을 전시하지만, 자국의 역사는 시대별로 자세히 배치한다. 대표적인 나라가 독일로 구석기, 신석기, 청동기, 그다음에 자국 역사를 시대별로 전시한다. 이것은 그 나라의 역사와 문화가 무엇인가에 따라 박물관의 성격도 다르다는 것을 보여 준다.

지금도 그렇지만 당시에 100주년 기념사업의 상징을 묻는다면 바로 청자정(青瓷亭)이라고 대답한다. 이름도 생소한 청자정이 대표 상징이 된 데는 사연이 많다. 박물관장으로 와서 오전, 오후로 박물관을 돌며 관람객들의 요구사항을 수시로 점검하던 때였다. 그러던 중 문득 용산이라는 역사적 위치에 자리한 국립박물관으로서의 정체성이 궁금해졌다. 박물관을 설계한 건축가는 국립중앙박물관 건물을 한국적 이미지의 성곽, 즉 캐슬(castle)로 구상했다고 했다. 하지만 전체 투시도나 하늘에서 박물관을 보지 않고는 그런 이미지를 생각하기 어려웠다.

루브르박물관의 상징을 물으면 누구나 유리피라미드를 말한다. 이처럼 100주년을 기념하는 상징이자 국립박물관의 브랜드 마크가 필요했다. 그래서 이러한 의도를 설명하고 직원을 포함하여 주변에 의견을 물었다. 마침 숭례문 화재사건을 계기로 '숭례문'으로 하자는 의견도 있었고, '솟을대문'이라는 대답도 있었다. 의견들이 대중성은 있었지만 특별함이 부족했다. 그러던 중 정양모 전 국립중앙박물관장의 박물관 특강에서 특별함을 찾아내었다. 발표는 고려시대 청자기와로 만든 정자 양이정(養怡亭)에 대한 것으로 박물관에도 청자기와가 몇 점 보관되어 있었다.

우리 역사에서 특별함과 해결방법을 찾은 기분이 마치 유물 발견과 같았다. 프랑스는 이집트의 돌로 된 피라미드를 가져와 자신만의 유리피라미드로, 우리는 중국에서 시작된 청자 기술을 발전하여 중국에도 없는 청자기와로 만든 것에 의미가 컸다. 그런데 "청자정(青瓷亭)을 만듭시다"는 말에 모두 놀라움과 감탄을 하면서도 우려가 컸다. 제작 비용이 너무 컸기 때문이다. 이전과 같이 동분서주를 하며 예산확보를 해 보았지만, 정부 예산만으로는 턱없이 부족했다.

'구하면 얻을 것이라'는 말처럼 45세 이하의 기업 2, 3세들의 후원단체인 YFM(Young friends of museum)에서 관심을 보였다. 외국의 박물관을 접하고 그곳의 후원문화를 배운 이들이라 국립박물관 후원에 적극적이었다. 그리고 청자기와를 만들어 줄 제작회사인 '해강도자요'에는 한정된 예산 때문에 실비만으로 제작하여 달라고 부탁하였다. 우리나라에서 처음 만드는 청자기와이고 앞으로의 수요를 보고 흔쾌히 승낙해 주었다. 초대 국립문화재연구소장이었던 김정기 선생에게는 고려시대 정자에 대한 자문을 구했다. 이런 우여곡절을 겪으며 청자정은 박물관 중앙 연못에 드디어 100주년 기념 상징물로 자리하게 된다.

국민공모를 통해 '청자정'이 최종 확정되고 완성 축하식에는 김종규 박물관협회 명예회장이 축사를 맡아 주었다. "박물관에 수십 번을 왔지만, 이상하게도 매번 부족한 것을 느꼈습니다. 그런데 오늘 청자정을 보니까, 이거다! 2% 부족한 게 이거였습니다." 그러면서 "화룡점정(畵龍點睛)입니다" 박물관은 잘 지었지만, 우리나라 대표 박물관으로서 부족한 점을 용의 눈동자로 비유하고 이제야 눈동자를 찾았다고 하였다. 그렇게 청자정은 100주년 기념사업의 하이라이트가 되었다.

비슷한 예로 전시에도 용의 눈동자가 필요하다. 일본은 수많은 유물 전시 중에도 특별한 전시품 한두 점을 '메다마(めだま)'라고 부른다. 말 그대로 용의 눈동자라는 뜻이다. 미국도 같은 뜻으로 킬러 콘텐츠(killer contents)라고 한다. 우리식으로 이야기하면 '죽여주는 콘텐츠'라고 할 수 있다. 이러한 죽여주는 콘텐츠가 전체를 대표하고 오래도록 관람객의 기억에 남게 한다.

지금도 방송에 가끔 등장하는 청자정을 보며 새삼 감회가 깊다. 100주년에 내세운 캐치프레이즈가 법고창신(法古創新)이었는데 "옛것을 본받아 새로운 것을 창조한다"는 법고창신의 정신이 아주 잘 부합되었다고 생각한다. 다른 이야기로 청자정에 고무받아 우리나라 대표적 장소에도 잘 어울릴 것이라는 건의를 여러 곳에 하였다. 우리나라 대문의 역할을 하는 인천공항에도 의견을 주었다. 중국의 북경공항이 중국식 정원을 조성한 것과 일본 하네다공항 식당가가 에도시대로 바뀐 소식을 듣고 인천공항에 재차 건의하였다. 예산 때문인지 식당가를 솟을대문으로 하는 데 그치고 만다. 지금도 공항에 가면 콘크리트와 철근으로 둘러싸인 이곳에 '청자정'이 있다면 더 좋았을 것이란 아쉬움이 많다.

관람객이 CEO의 척도?

국립중앙박물관을 기업이라는 측면에서 본다면 마치 공사기업과 같다. 대부분이 국가 예산으로 운영되는 곳이라 공익성과 수익성이 같이 공존한다. 기업박물관이나 사립박물관도 박물관의 목적인 공공성을 가지기에 같은 입장이라는 생각이다. 이것은 운영비와 기타 자재 구매 등 비용이 지출되는 면에서 기업과 유사하지만, 수익보다는 공익이 우선적인 가치라는 점에서 기업과는 다르다. 박물관장은 기업으로 치면 CEO에 해당한다. 기업 CEO의 역할은 방향을 세우고 중요한 기획을 세우는 것이다. 거기에 더해 기업문화를 정착시켜 간다. 박물관 CEO인 박물관장의 역할도 이와 다르지 않다. 기업이 많은 상품을 팔기 위해 고객을 모은다면, 박물관은 많은 전시를 보여 주기 위해 관람객을 초청한다. 좋은 기획과 전시로 많은 관람객을 초청한 박물관장이 성공한 CEO의 한 부분이라고 말할 수도 있다.

접근성과 규모에서 국립박물관 중 국립중앙박물관이 가장 좋다는 평가를 듣지만, 이전에는 관람객 출입이 자유롭지 않았다. 서울에서 국립중앙박물관처럼 도심 한복판에 위치하고 넓은 녹지와 휴식공간을 가진 곳이 드물다. 그래서 처음으로 시도한 것이 박물관 외부 출입을 자유롭게 하자는 것이었다. "박물관은 입퇴실 시간을 주고 외부는 자유롭게 합시다. 지역주민에게 공원과도 같은 공간을 선물합시다." 뮤지엄 파크(Museum Park)라는 캐치프레이즈를 내걸고 산책과 외부 전시를 공개하였다. 여기에 더해 공연도, 체육시설도 더한 뮤지엄 콤플렉스로 발전을 생각하였다. 가족들, 연인과 공원을 산책하면 자연스럽게 박물관 내부로도 이어진다는 계획이었다. 하지만 취임 당시는 장기간에 걸친 관람객 유치보다 획기적인 방법이 필요한 시점이었다.

2008년 국립중앙박물관장으로 국회 상임위원회에 처음 출석하여 여러 국회의원에게 들은 질타가 아직도 기억이 난다. "외국인 관람객이 루브르는 60%, 브리티시는 60%라고 합니다. 그런데 우리나라는 하다못해 10%는 되어야 하지 않나요." 당시 1년 입장객 수로 계산하면 230만 명에 외국인이 23만 명이 되어야 했지만, 현실은 10만 명이 못 되었다. 반면 광화문에 있는 국립민속박물관의 경우는 달랐다. 접근성도 좋지만, 외국인 여행객을 인솔하는 여행사는 한 번의 입장료로 경복궁까지 보고 인사동으로 바로 이동한다는 장점이 있었다. 더욱이 여행사의 주 수입원인 인센티브가 있다.

생각다 못해 여행사, 관광업계 CEO들을 초청해서 설득하지만, 국립박물관 특성상 인센티브가 없다는 말에 모두가 돌아선다. 다음으로 CNN, AP통신, NHK 등 주요 해외 언론사 특파원을 초청하였다. 이들을 통해 고국의 국민에게 개별 홍보를 하자는 취지였다. 직접 박물관 투어와 간담회를 열었다. "여러분이 보시다시피 좋은 유물이 많이 있습니다. 앞으로 기사를 쓸 때 박물관도 잘 소개해 주시길 부탁합니다"고 했더니 어떤 기자가 "관장님, 아무리 그래도 소용이 없습니다. 우리가 써도 데스크에서 안 됩니다"고 응수한다. 왜 그러냐는 물음에 "우리 데스크는 DMZ, 핵, 이런 것은 내주는데 박물관은…"라며 말 끝을 흐린다. 그런데도 나오는 방법이 있다고 알려 준다. "박물관에 불이 나면 됩니다." 질문한 기자는 독립기념관 화재로 특종을 한 기자였다. 그러면서 "아니면 국제적인 이벤트를 여기서 하셔도 되지요."

마침 미국 부시대통령이 방한을 하여 국립중앙박물관에 관람을 온다는 통보를 받았다. 당시 사회적 분위기가 광우병 사태로 미국과 관계가 아주 안 좋은 시기라 문화적으로 친밀감을 나누자는 의미였다고 생각한다. 그래서 미국대사관의 스티븐슨 대사와 대통령 경호팀들이 와서 경호에 필요한 사전 준비를 점검했다. 하지만 여러 가지 사정으로 대통령의 관람은 취소되었다. 앞서 기자가 말한 국제적

이벤트는 다른 방법을 찾아야 했다.

기회는 2009년에 찾아왔다. 100주년 기념사업을 마치자 'G20 정상회담' 서울 개최 소식이 들려왔다. 당시 어윤대 국가브랜드위원장을 만나 박물관에서 여는 것이 우리나라 문화 수준을 보여 주는 계기가 될 것이란 제안을 하였다. 좋은 아이디어라는 동의와 함께 대통령의 승낙까지 받아 다시금 국제적 이벤트에 대한 희망에 부풀었다. 하지만 의전과 보안을 맡은 팀들은 어렵다며 차일피일 시간만 끌었다. 주 개최장소인 코엑스에서 박물관까지의 이동과 보안이 힘들다는 이유였다.

그러던 중 프랑스의 문화비평가 기 소르망이 자신의 칼럼에 쓴 "프랑스의 랜드마크는 에펠탑이고, 일본의 랜드마크는 후지산이고, 한국의 랜드마크는 국립중앙박물관에 있는 반가사유상이다"라는 기사를 보았다. 기 소르망은 『MADE IN USA』, 『중국이라는 거짓말』 등의 책을 쓴 세계적인 석학이자 칼럼니스트로 유명하다. 당시에는 한국 대통령의 국제자문을 맡고 있었다. 그를 통해 다시금 기회를 노리자는 생각이었다. 세계적인 인물이 추천하는 곳이라면 한국뿐 아니라 세계가 인정할 것이란 예상이었다.

그에게 서둘러 메일을 보냈다. 기사의 반가사유상에 대한 감사 인사와 함께 박물관 투어를 직접 해 주겠다는 내용이었다. 보통 박물관 투어는 전문해설가나 학예사가 담당한다. 박물관장이 나서는 경우는 국가 정상이나 그에 맞는 의전이 필요한 사람이다. 이런 제의에 기쁜 마음으로 기 소르망은 설명을 들으며 박물관을 돌아보고 자신이 극찬한 반가사유상 실물 사진도 선물로 받아갔다. 이후에 대통령과의 면담에서 G20 정상회담의 박물관 개최를 적극적으로 추천했음은 두말할 필요가 없다.

G20 정상회담장으로 국립중앙박물관이 정해지자 다시금 미국 대통령 경호팀이 방문했다. 이전과 다르게 경호와 사전 준비가 일사천리로 진행되었다. 미비한 준비들과 요구사항을 사전에 준비한 덕분이었다. 드디어 '국제적 이벤트'가 준비되었다. 이제 성공적으로 치르기만 한다면 외국인들의 관심과 주목은 당연히 따라오리라 생각되었다. 코엑스에서 열리는 회의와 마찬가지로 박물관에서도 많은 준비가 필요했다. 이때는 직원과 관장이라는 상하관계를 떠나 모두가 뭉쳤다. 누가 먼저일 것 없이 서로가 솔선수범하며 열심히 준비했다. 아마도 당시의 현장에 참석하였거나 방송을 본 사람이라면 이런 준비들이 어떻게 보였는지 기억할 것이다. 또한, 준비와 진행에서 웃지 못할 에피소드들도 있다.

처음에는 적극적이지 않았던 정부부처들도 막상 국립중앙박물관으로 정해지자 여러 문제로 의견이 충돌했다. 먼저 박물관에서 누가 정상들을 맞이하는가의 문제다. 박물관 입장에서는 세계적 홍보와 외국 관람객 유치가 목적이었기에 누가 나서도 문제가 없었다. 하지만 세계적 이벤트이고 각국 정상을 맞는 자리라 정부부처들은 상징성을 중요하게 생각했다. 문화부에서는 박물관에서 하니까 문화부

장관이 해야 한다, G20정상회담준비위원회에서는 준비위원장이 해야 한다, 기재부에서는 기재부 장관이 해야 한다, 이건 외교이기 때문에 외교부 장관이 해야 한다, 이렇게 서로 목소리를 높이던 중 외국의 사례는 어떤지를 살폈다. '외국은 박물관장이 합니다'라는 말에 내가 직접 정상을 맞이하게 된다.

아마도 국제회의를 가본 사람들은 느낄 것이지만 다른 나라에서 자국 말로 인사하며 환영해 주는 것에 감동이 크다. 중국에서 열린 한중일 국립박물관장 회의에서도 그런 것을 느꼈다. 회의를 마치고 중국 관련자가 다가와서 "우리 박물관 어때요?"라며 중국어도, 영어도 아닌 한국어로 묻는데 순간, 뭉클함이 들었다. 이런 감동을 G20 정상회담을 통해서 전해 주기로 생각하고 계획을 세웠다. 그런데 막상 준비하며 막막함이 들었다. 같은 정상이라도 나라마다 부르는 호칭이 틀리고 자칫하다가 망신을 사면 어떨까 하는 불안함도 있었다.

프레지던트(president), 체어맨(chairman), 챈슬러(Chancellor) 등, 환영의 인사말도 웰컴(welcome)부터 메르하바(Merhaba, 터키 인사말/ 아랍은 أبحرم., 마르하반) 등 연습에 연습을 거듭하다 안 되는 것은 손바닥에 썼다. 그렇게 정상을 맞이하자 분위기가 달랐다. 거기에 자국어로 된 태블릿 PC를 나눠주었다. 그들을 특별전이 열리는 '황금의 나라, 신라의 왕릉 황남대총' 전시관으로 안내하자 전시품의 독특함에 놀라워했다. 그중에서도 오바마 대통령은 "한국문화의 독특함과 훌륭한 박물관 건물에 놀랐다"며 방한 뒤에 한국의 문화와 교육을 언급하는 모습에

G20정상회의 오바마 미국대통령(2010).

서 당시에 강한 인상을 남겼음을 알 수 있었다.

물론 G20정상회담 같은 특별한 이벤트를 통해 박물관을 홍보하고 관람객을 모으는 것도 좋은 방법이다. 하지만 꾸준하게 입소문이 나기 위해서는 이전 고려대학교박물관처럼 좋은 콘텐츠가 필수적이다. 앞서 '특별전' 같은 특별하고 독특한 전시에 사람들은 흥미를 느낀다. 문제는 이러한 콘텐츠를 쉽게 얻기가 힘들다는 점이다. 그리고 콘텐츠의 독특성과 같이 박물관의 정체성과 부합이 되는 것도 중요하다. 국가를 대표하고 전국 국립박물관을 대표하는 국립중앙박물관이지만 아무것이나 전시한다고 인기를 끄는 것이 아니다.

그런 점에서 〈고려불화대전-700년 만의 해후〉는 국립중앙박물관의 정체성을 잘 보여 준 전시였다. 고려불화는 고려시대(918-1392년)에 그려진 불교회화를 말한다. 참배하기 위해, 교화하기 위해, 절의 장식으로 만든 불교 그림을 모두 포함한다. 고려불화만의 찬란한 색채, 부드러운 선묘, 짜임새 있는 구도, 단아한 형태 등은 보는 사람을 압도한다. 이러한 우리나라 불화가 일본에 130여 점, 한국에 10여 점, 미국에 10여 점, 유럽에도 몇 점 등 전 세계에 160여 점이 흩어져 있다. 이 중에 백미는 일본사찰 단잔진자(談山神寺)와 센소지(淺草寺)에 있는 수월관음도(水月觀音圖)이다. 아마도 전시를 본 사람들은 '동양의 모나리자'라는 표현에 고개를 끄덕였을 것이다. 화려하지만 정제된 아름다움에 넋을 잃고 만다.

이 특별전은 G20 정상회의 기간에 맞추어 기획된 것이라 우리나라를 대표하는 미술품 중에서도 최고를 보여 주고 싶다는 욕심이 많았다. 그래서 일본에서도 잘 공개되지 않았다는 센소지에 있는 수월관음도를 이번 특별전의 '죽여주는 콘텐츠(Killer Contents)'로 정했다. 어렵사리 접촉한 끝에 전시도록을 찍는다는 명분으로 사진작가와 함께 센소지에 방문했다. 처음에는 경계의 눈초리로 대하던 절의 주지 스님도 같은 불교 신자로서 대화하자 차츰 마음을 열었다. 촬영을 마치고 다과를 나누던 중 "한국인들도 고려불화가 고향에 한 번 오기를 바란다"는 요청에 주지 스님은 말없이 고개만을 끄덕였다. 아마도 진심으로 통하는 마음이었을 것이다. 그렇게 고려불화는 700년 만에 고향을 다녀갔다.

재미난 점은 일본에서도 고려불화가 전시되지만 이처럼 다양한 작품을 한자리에 모인 기회가 없었다는 점이다. 특히 센소지의 수월관음도는 고려불화의 애호가를 자처하는 미술사학자 안휘준 선생조차 감탄을 연발할 정도였다. 일본에서도 못 보고 돌아왔던 불화를 보기 위해 전시 기간 내내 수월관음도를 보러 왔다. 고려불화 관람객 중 영국의 더 타임즈(The Times) 언론그룹 회장 부인도 있었다. '미스핸즈'라는 그녀의 별칭처럼 그림에서도 손에 관심이 많았다. 고려불화에 나오는 전법륜인(轉法輪印)이나 지권인(智拳印) 등을 보며 자신도 그 모양을 흉내를 내며 몇 시간을 서 있던 기억이 난다. 이외에도 많은 유명인이 국립중앙박물관을 다녀가며 여러 가지 추억을 온라인과 지인들에게 소개하여 주었다. 그 덕분인지 이후로는 국회에서

러시아 에르미타주 박물관 한국미술 특별전 개막식(2010).

외국인 관람객에 대한 질문이 없었다.

이처럼 기존의 상설전시관이 우리 것을 보여 주는 것에 주력하였다면 특별전은 고려불화 같은 관람객의 호기심을 자극할 것들로 기획하였다. 그중에서 '세계문명전'은 세계 중요 문화권 유물과 특색을 잘 보여 준 전시였다. 외국의 문화 유물 중에서도 국립중앙박물관의 정체성과 잘 맞는 것들이었다. 페르시아-이집트-잉카-그리스-실크로드 등 세계사를 움직인 국가와 지역의 문화를 소개함으로써 국립박물관의 위상을 살렸다고 생각한다.

이집트 문명전인 〈파라오와 미라(2009)〉 전시에서는 의외의 반대에 부딪히기도 하였다. 제목과는 다르게 전시품에 미라가 빠진 것을 담당자에게 물었다. "최근에 윤리 문제로 미라를 빼기로 하였습니다"라는 대답이다. 대신에 사진이나 기타 모형으로 보여 주자는 의견이 나왔다. 하지만 관람객의 입장에서는 사진집으로도 충분한 것을 굳이 박물관에 와서 볼 필요는 없다고 생각할 것이다. 그래서 책임을 모두 안기로 하고 미라 전시를 지시했다. 이전 고려대학교박물관 전시에서 얻은 경험으로 정작 관람객들의 관심은 미라에만 있을 것이라 예상되었다. 언론에서는 이것을 두고 말이 많았다.

그런데 정작 개관을 하자 예상대로 관람객은 미라만을 찾았다. 45만 명이 다녀간 특별전에서 미라 전시실 앞에는 미처 입장하지 못한 관람객들로 붐볐다. 아마도 앞서 반대의견을 보도하여 관람객의 호기심을 자극한 노이즈마케팅이 성공한 것으로 보인다. 그리고 이런 전시로 느낀 것은 앞으로 우리 박물관들이 구상할 사업으로 문화사와 함께 자연사를 육성하였으면 하는 바람이다. 그것은 현재의 주요 관람객이자 미래의 관람 동반자인 아이들의 관심이 자연사에 많다는 점이다.

잉카 문명전 〈태양의 아들, 잉카(2010)〉에서는 신종플루로 단체관람 대다수를 차지하는 학생들이 못 오는 사태도 있었다. 그리스 문명전 〈그리스의 신과 인간(2010)〉, 실크로드 문명전 〈실크로드와 둔황-혜초와 함께하는 서역 기행(2011)〉 등으로 이어진 세계문명전은 여러 우여곡절이 있었지만, 성공적으로 치러졌다. 특히 실크로드 문명전의 경우 다른 문명전과는 달리 소재가 막연했다. 혜초를 대표하는 왕오천축국전(往五天竺國傳)이 프랑스국립도서관에 있어서 더욱 그랬다. 외규장각도서 환수문제로 여론도 안 좋은 시기였다. 일단 프랑스국립도서관장을 비롯한 관련자를 초청하였다. 전시 시설이나 보안 시설을 둘러본 그들이 문제로 삼은 것은 전혀 엉뚱한 것이었다. "시설은 우리보다 훌륭한데 아주 놀랐다. 하지만 우리가 걱정하는 것은 한국 국민이 왕오천축국전을 돌려주지 말라고 하면 어떻게 할 거냐?" 그래서 원칙을 내세웠다. "불법적인 강탈이 아닌 정당한 문화재 구매는 누구나 인정하는 것이다"는 대답에 드디어 왕오천축국전이 서울에서 전시되었다.

관람객을 유치하는 방법

양보다 질이라는 말처럼 관람객 수가 박물관의 모두라고는 말할 수 없다. 모든 면이 종합적으로 평가되어야 하지만 박물관을 경영하는 CEO의 입장에서는 수치상의 증감이 대내외적으로 중요한 요인일 수밖에 없다. 특히 국가 예산으로 운영하는 국립박물관의 경우 앞서 국회에서의 질의처럼 실적평가가 주요 유물이나 중요 전시보다는 관람객 수에 맞춰진 경우가 대부분이다. 처음 국립중앙박물관장을 시작한 2008년 230만 명의 관람객이 3년간 100만 명이 늘어 330만 명이 되었다. 수치상으로는 확실히 성공한 느낌이다. 그러면 관람객 유치를 위한 내용은 어떠했을까?

2010년 초에 일본에 간 적이 있다. 국립중앙박물관장으로 업무를 마치고 일본을 대표하는 동경국립박물관장과 다과를 같이했다. "저희는 관람객 수가 200만을 넘었는데 한국은 어떠신가요?" 자랑삼아 꺼내는 말에 "우리는 그보다 많습니다." 어느 나라나 국립박물관은 보유한 유물로 국가의 자존심이기도 하지만 관람객 수도 최고라는 자부심이 있다. 그런데 당시 아시아 최고라는 도쿄국립박물관 227만 명을 제치고 국립중앙박물관은 273만 명의 관람객을 유치하여 아시아에서 1위에 올랐다.

그의 놀랐던 표정이 아직도 생생하다. 그래서 "우리는 애석하게도 학생들이 대부분입니다"라며 애써 위로의 한마디를 던졌다. 그러자 더 놀라서 손마저 떠는 모습을 보였다. "우리는 젊은 사람들이 안 오는 게 걱정입니다. 젊은이가 오지 않는 우리 박물관은 미래가 없습니다." 동경국립박물관 대부분을 차지하는 관람객은 중년 이상의 노년층이다. 동경국립박물관장의 충격 속에는 '너희는 지금도 많지만, 앞으로도 우리보다 더 많겠구나'라는 부러움이 담겨있었다.

박물관으로 사람을 부르는 방법은 앞서 이야기처럼 여러 가지가 있다. 죽여주는 콘텐츠와 특별한 이벤트, 유명인에 의한 입소문, 박물관에 잘 맞는 특별전 등이다. 하지만 모두가 단기적인 행사와 기획이다. 유물이 가진 시간의 무게만큼 박물관도 지속적인 관람객 유치 수단이 필요하다. 그런 점에서 일본의 사례처럼 미래의 관람객인 아이들과 학생을 위한 프로그램이 절실한 실정이다.

관람객 유치에 한몫을 담당한 '관람료 무료'라는 제안을 할 때, 국민의 세금으로 운영하는 기관이 수익성을 무시하면 안 된다는 의견을 들었다. 여러 반대의견에도 상설전시관 무료 개방의 태도를 고수한 것은 학생들을 생각해서였다. 박물관장으로 일일해설사 자원봉사를 하며 사람들에게 "박물관에는 언제 처음 왔나요? 1년에 몇 번이나 오셨나요?"라고 물으면 대부분의 대답이 유치원이나 초중고등학교 때 학교에서 단체관람이 전부였다고 말한다. 이렇게 오기 힘든 박물관이 유료화를 계속하면 학교에서 예산문제로 더 오기 힘들 것이란 생각을 하였다. 그래서 특별전시를 제외한 상설전시는 무료로 개방해 지금은 주말에 나들이하는 가족들도 많아졌다.

무료 개방을 하자 학생관람은 많아졌지만, 한편으로 전시를 잘 보고 가는가에 대한 의문이 들었다. 보통 단체관람을 오면 인솔교사는 '1시간 동안 보고 여기서 모여라'라고 한다. 그러면 학생들은 전시보다는 군것질이나 야외에서 놀다가 다시 학교로 가는 것이 대부분이다. 더욱이 박물관을 휘저으며 다른 관람객들에게도 불편을 끼친다. 또한, 전시실의 시대별 설명이 파노라마 형태로 잘 되어있지만, 전시실 앞의 해설만으로는 잘 보았다고 하기 힘들다. 유물에 담긴 정신도 같이 전달되어야 문화재에 대한 가치에 눈을 뜬다. 그래서 인솔교사와 학생들이 박물관 활용법에 대한 교육을 먼저 받도록 했다. 각 유물 마다 전문해설가가 인솔교사와 같이하여 자세한 설명을 했다. 아마도 이런 무료개방과 학생들을 위한 배려는 기업이 펼치는 '고객감동' 마케팅과 같다고 생각한다. 고객인 관람객의 필요를 먼저 알고 그에 맞춘 프로그램으로 만든 결과이다.

고민하던 외국인 관광객도 G20 정상회의가 끝나자 드디어 20만 명으로 늘었다. 앞서 기자의 말처럼 '국제적 이벤트'로 국제적인 언론 홍보가 잘 되어 준 덕분이다. 재미난 것은 G20 정상들이 정상회의를 하였던 걸 그대로 두고 특별전을 개최하자 많은 관심을 보였다. 흔히들 박물관에서는 재활용이 '유물'이라는 말로 바뀐다고 한다. 어쩌면 사람이 쓰던 유물을 재활용하여 다시 보여 주면서 비용을 지출하는 곳은 박물관이 유일할지도 모른다. 그런 점에서 정상들이 식사를 한 자리와 기타 모임 장소, 비품들을 전시하자 외국인을 비롯한 국내 관람객들이 몰려왔다. 쉽게 볼 수 없는 역사적 자리라는 희귀성으로 주목을 받았다는 생각이다.

하지만 아직도 외국인 관람객 10% 달성에는 멀었다는 생각에 다른 방법을 찾았다. 문득 관장실 너머 국립중앙박물관과 담을 하나 둔 미군 부대가 눈에 들어왔다. 현재 주둔하는 3만 명의 미군과 가족들이 나들이로 방문한다면 좋을 것이란 생각이 들었다. 먼저 한국문화에 대한 특강을 준비해 설득에 나섰다. 자세한 영어 해설과 자국과는 다른 동양문화에 모두가 감탄하였다. 차츰 박물관을 찾는 미군들이 많아졌고 아마도 계속 늘어나리라고 예상된다. 한국문화의 진수를 보고 간 그들이 다시금 찾아오거나 새로 온 이들에게도 입소문을 내리라 기대한다. 이외에도 한국어교육학회를 통해서 외국인 유학생들도 초청하는 등 국내 외국인에 대한 홍보도 진행하였다.

국립중앙박물관에서 대학원생들과 함께(2017).

박물관의
시작과 끝은 소통

박물관장을 지낸 지난날을 회고하면 여러 고민도, 고난도 있었지만, 그때마다 생각한 것은 '소통'이었다. 진심으로 사람들과 만나 소통을 하다 보면 원만히 해결되었다. 좋은 예로 국립중앙박물관장을 할 때, 일일큐레이터를 한 적이 있다. 관장이 일반인들을 대상으로 유물에 관해 설명한다는 것에 주위에서 말들이 많았다. 전문해설사나 자원봉사자들이 해도 되는 일을 굳이 관장이 할 필요는 없다는 것이다.

하지만 내 생각은 달랐다. 박물관의 위상과 마케팅을 위해 한두 명의 VIP를 상대하는 것도 중요하였지만, 대다수 일반 관람객의 목소리가 더 중요하다고 판단하였다. 그렇게 관람객에게 설명하고 질문에 답변을 하자면 현재 박물관의 개선점이 자연스레 해결되었다. 반대로 질문을 던지고 다양한 의견을 듣는 것도 흥미로운 경험이었다.

같은 예로 앞서 100주년 기념행사로 패션쇼를 개최한 것에도 반대가 많았다. '박물관과 패션쇼는 어울리지 않는다'는 반응들이었지만 '관람객이 박물관에서 찾는 것이 무엇인가?'라는 질문에는 모두가 쉽게 답하지 못했다. 처음 박물관을 접한 때부터 지금까지 일관된 신념은 박물관은 '의미'와 함께 '재미'가 있어야 한다는 것이다. 이것을 관람객들이 느끼게 하려면 엄청난 국보, 보물이 '지금의 나와 무슨 관계가 있는지'를 알려 줘야 한다고 생각한다. 이처럼 나에게 있어 박물관장직은 '법고창신(法古創新)'으로 요약할 수 있다. 이전의 것을 바탕으로 새것을 창안해 보는 곳으로 박물관처럼 맞는 곳도 드물다.

박물관장을 지내면서 자주 쓴 말이 '박물관은 오감만족'이다. 박물관은 눈으로만 보는 것이 아니라 귀로도 듣고, 만지기도 하고, 이렇게 여러 가지가 연결된다는 생각 때문이다. 박물관의 이상적인 순환은 전시에서 교육으로, 다음에 체험학습으로 넘어가고 다시 체험에서 전시로 확인하는 것이다. 이처럼 보는 것은 그냥 한번 보고 끝이지만 직접적인 체험학습은 다시금 전시와 학습을 불러온다. 체험도 다양함을 주어야 순환되는 흥미를 부른다. 이번에는 도자기 접시를 만들고 다음에는 도자기 병을 만들고, 도자기도 이번에는 백자 만들고 다음에는 청자 만들고, 이런 식으로 사람들이 와서 변화된 체험 공간으로 가야 한다.

앞으로 박물관은 시대의 변화에 맞추는 일도 중요한 과제다. 그중에 디지털박물관이 좋은 사례이다. 스미소니언박물관을 찾는 사람은 1년에 2,000만 명에 불과하지만, 홈페이지에 접속하는 사람은 2억 명이다. 10배가 넘는 사람들이 예비고객으로 결국 박물관을 찾게 된다. 같은 사례로 최근에 많이 이용하는 모바일을 이용한 박물관 콘텐츠도 주목되는 분야다. 단순한 볼거리를 넘어 박물관과 같이 소통하고 유물과 기타 관심 있는 문화재를 쉽게 접한다면 '찾아가는 박물관'이란 명칭이 걸맞다.

이 외에도 100주년 기념행사로 가진 '박물관 패션쇼'처럼 외국의 디자이너들은 유물을 통하여 디자인 영감을 얻는다. 우리 디자이너들도 그렇지만 적극적인 활용이 아직은 미미하다. 가령 외국의 디자이너가 '백자철화끈무늬병'에서 영감을 얻어 새로운 패션 문양을, 상감기법으로 자동차 디자인을 한다면 우리는 어떤 기분일까? 한류라는 생각보다는 우리 것도 제대로 보지 못했다는 자책감이 앞설 것 같다.

결론하자면 박물관은 많은 사람이 오프라인, 온라인, 모바일을 통해서 많이 접근할 수 있게 해야 한다. 그리고 대중들과 항상 소통하는 것을 모색하여야만 한다. 그런 점에서 이제까지는 공급자 입장에서 전시계획을 하였다면 앞으로는 관람자의 입장에서, 나아가 개인별 맞춤 감상까지 이끌어야 한다고 생각한다. 이것은 IT와 컴퓨터의 눈부신 발전으로 해결 가능한 문제이다. 미래 박물관의 생존을 '4차 혁명 시대의 박물관'이라고 한다면, 결국 많은 창의력을 느끼고 창의력을 배양할 수 있는 '소통의 공간'으로 변모시킨 박물관만이 살아남게 될 것이다.

2장

군자의 덕목을 실천한 박물관 CEO

논어에서 군자가 갖추어야 할 덕목으로 '지(智), 용(勇), 공(恭), 관(寬), 신(信), 민(敏), 혜(惠)'를 들었다. 지(智)는 지혜로움을, 용(勇)은 용기를, 공(恭)은 공손함을, 관(寬)은 관용을, 신(信)은 성실함을, 민(敏)은 부지런함을, 혜(惠)는 자혜로움을 나타내는 단어이다. 최고 덕목인 인(仁)과 의(義), 충(忠), 효(孝)와 함께 군자가 갖추고 실행할 것들이다.

앞으로 소개할 박물관CEO들을 이러한 덕목에 비추어 생각하였다. 물론 이들은 이러한 덕목을 고루 갖추어 사회적으로도, 박물관장으로도 성공한 인물임에 틀림이 없다. 하지만 백인백색(百人百色)이라 하였듯이 그들의 성장과 성공에는 개성 강한 특별함이 있다. 그리고 이러한 특별함을 덕목과 비교하여 풀이하였다.

智

올곧고 지혜롭게 살아온 삶

그의 인생은 한마디로 길고 곧은 길이다. 1933년 고추로 유명한 충남 청양, 농촌 가정에서 태어나 코리아나 화장품으로 성공하기까지 유혹에 흔들리지 않고 곧은 길을 걸어왔다. 남들은 늦었다고 이야기하는 55세에 코리아나 화장품을 창업한 그에게도 많은 시련이 있었을 것이다. 덕수상고에 들어가 은행 취직을 희망하였던 넉넉지 못한 가정형편을 가진 학창시절이 있었고, 공부에 대한 열망으로 고려대학교에 입학하고 미국에서 어렵게 박사학위를 취득한 청년시절이 있었다. 동아제약 입사와 라미화장품 대표이사 등을 역임하고 뒤늦게 창업한 코리아나 화장품을 5년 만에 성공하게 한 열정도 있었다.

이제 90을 바라보는 나이인 그는 기업경영인, 수집가, 수필가로

불린다. 그의 성공스토리는 많은 언론을 통해 소개되어 많은 사람에게 창업의 희망을 품게 하였다. 그리고 흔들림 없이 인생을 지혜롭게 살아온 그만의 노력은 모두에게 모범이 되었다. 특히 제약회사와 화장품업계에서 그가 보여 준 빼어난 노력은 박물관 경영에도 그대로 적용되어 현재 '코리아나 화장박물관'의 유명세를 더해 준다.

"나는 CEO로서 1등은 아니라고 생각해요. 성실하게 해서 2등을 한 거로 생각하지요. 그래서 1등 CEO는 아니더라도 이 정도로 노력해서 됐으니 나쁜 건 아니라고 생각해요. 여기 열정이라고 썼어요. 열정이 있어야 해요!"

이렇게 월급쟁이 30년, 경영자 30년 그의 인생을 대변하듯 오로지 열정을 가지고 살아온 삶이다. 이런 그의 박물관 경영이 궁금해질 수밖에 없다.

처음 수집을 시작하신 계기도 각별하시다고 들었습니다.

동아제약에 있을 때 어떤 분이 "당신은 계산도 잘하고 이성적으로도 잘 발달하였다. 그리고 따지는 것도 잘하는데 감성이 좀 부족한 거 같다. 더군다나 큰사람이 되려면 이성도 있고 감성도 있어야 한다." 그렇게 조언해 주시는 겁니다. "감성은 어떻게 키우는 겁니까?" 그러자 수집을 취미로 가지신 그분이 "화랑에 가서 그림 구경을 해

봐라! 보고만 와도 좋으니까 전시장에 다녀라"고 하셨습니다. 그래서 화랑을 다니기 시작했습니다. 가 보니까 그림이 있는데 당최 무슨 그림인지 모르겠어요. 그때는 동양화가 유행할 때라 유명한 그림이 많았는데 누구 그림인지도 모르겠더라고요. 그러다 한 6개월을 다니며, 이 화랑 가 보고 저 화랑 가 보고 하니까 아! 저게 '청전' 그림이고 이건 누구 그림이구나 조금씩 알게 되었습니다. 그런 식으로 눈을 높이고 감성을 높이게 됐습니다.

그러다 사게 된 첫 컬렉션이 조그마한 그림 한 점인데 그것을 당시 돈 5,000원을 줬습니다. 그림을 책상에 놔두고 보니까, 산수화에 산도 있고, 하늘도 있고, 구름도 있고, 동네 집도 있고, 밭도 있고, 사람도 있고, 나무도 있고, 있을 게 다 있는 겁니다. 그 5,000원짜리 그림 하나 산 것을 시작으로 화랑을 자꾸 다니다 보니까 또 하나 사고 또 사고 그랬습니다. 어쩌면 처음 구매한 그림이라 기억에 많이 남습니다. 반면에 지금 이 관장실에 걸린 소정 변관식 선생의 산수화가 저에게는 가장 의미가 깊습니다. 오는 손님들한테도 항상 "이게 1년치 상여금 주고 산 겁니다"라고 자랑합니다.

잊히지 않는 것이 동아제약에 다니던 1975년 10월 25일, 상여금 받고서는 퇴근길에 인사동을 갔는데 이 그림이 잘 다니던 화랑에 있더라고요. 초보자가 보기에도 아주 좋았습니다. 유심히 보고 있자 주인이 "맘에 들면 가져가세요." 그래서 "얼마냐?" 물었더니 "40만원인데 조금만 붙여 주고 가져가세요." 주인이 어떻게 알았는지 그때 받은 상여금이 43만 원이었습니다. 그렇게 상여금을 다 주고 샀지요. 당시 형편으로는 무리한 셈인데 그래서 그런지 애착이 더 갑니다.

지금은 그림보다는 민속품이 많으신데 어떤 계기로 수집하시게 되셨나요?

처음엔 그림만 샀습니다. 그런데 1970년대 후반이 되자 그림값이 막 올라갔습니다. 월급쟁이라 좋은 건 비싸서 못 사고, 또 형편에 맞는 것도 그림값이 너무 올라서 못 샀습니다. 그랬더니 친한 화랑 주인이 그림 오르지 않은 싼 게 있으니까 그걸 사라는 거예요. 그렇게 추천해 준 게 민속품입니다. 100년이 넘은 오래된 골동품들은 가치가 있다고 하더라고요. 소개를 받고 화랑 옆의 고미술상에 가 보니 약 저울도 있고 약을 가는 기계도 있었습니다. 제약회사에서 쓰던 것도 눈에 띄었습니다. 가격도 그림값이 몇십만 원 하는데 이건 몇만 원 하는 게 많더라고요. 그때부터 민속품을 수집하는 컬렉터가 되었습니다.

아마도 사회 첫출발이 제약회사라 제약 관련 물품에 먼저 눈이 갔던 것 같습니다. 그러다 라미화장품 시절에는 여성과 관련된 것을 수집하자는 생각을 했습니다. 그리고 코리아나 화장품을 하면서는 본격적으로 화장 유물, 여성 유물을 수집했습니다. 수집품들은 여러 가지가 있는데 도자기 등 여성들이 쓰던 물건이 대부분입니다. 그중에서 비녀는 다양하게 수집했습니다. 현대인들은 금이나 옥으로 만든 비녀를 떠올리지만, 이전 서민들이 사용하던 비녀는 대부분 나무 비녀였습니다. 지체가 높거나 부유한 집에서는 옥, 은, 쇠로 만든 것을 썼지요. 같은 비녀라도 문양이 제각각이라 수집하는 재미가 있습니다. 노리개도 있고, 동경도 100개가 있고, 반지도 있고, 여성 옷도 계절별로, 용도별로 수집했지요. 그렇게 수집한 것이 4,000여 점이 될 것입니다.

취미가 있는 삶은 즐거워요. 특히 저같이 수집하는 취미는 모을 때도 즐겁지만 모아 놓은 것을 볼 때의 즐거움도 큽니다. 아마 수집의 즐거움을 아는 사람들은 공감할 겁니다. 뭐든지 자주 접하다 보면 보는 눈이 생기고 취향이 생기고, 그러다 보면 하나씩 사 모으게 되면서 보는 재미와 사는 재미를 즐기게 되는 겁니다. 그런 것도 삶의 낙이 아닌가 싶습니다. 저는 수집가가 되어야겠다고 시작한 게 아니라 오래전부터 수집에 취미를 붙여 여러 종류의 물건을 모으다 보니 '수집가'라고 불리게 된 겁니다.

널리 알려진 미술품 외에 소소한 일상품까지도 모으고 있습니다. 수집이라는 것이 보통 끈기와 고집으로 되는 일이 아닙니다. 늘 발품을 팔아야 하니까 부지런해야 하고 애정이 있어야 합니다. 그러다 보면 전문가의 반열에 오르게 되는 거죠. 아직은 전문가는 아니라서 계속 배워야 합니다. 지금까지 경험을 통해서 느낀 건 수집을 제대로 하려면 세 가지를 갖춰야 한다는 점입니다. 첫째로는 물건을 볼 줄 아는 안목이 있어야 하고, 둘째로는 물건을 찾아다닐 수 있는 활력과 끈기가 있어야 하고, 셋째로는 물건을 사들일 수 있는 재력이 있어야 합니다. 이런 기준에 비춰 보면 아직 한참 멀었지만 그래도 꾸준히 공부하고 틈틈이 좋은 물건을 보러 다니고 있습니다.

관장실을 보면 작은 전시실이라는 느낌입니다. 그리고 회사와 관련된 특별한 수집품도 있다고 들었습니다.

맞습니다. 여기는 특별히 좋아하는 작품만을 전시하죠. 여기 있는 샤를 고티에의 '르 마르땅(아침, Le Maritn)'이라는 작품이 그렇습니다. 이전 파리 루브르 박물관의 앤티크 가게에 가서 본 인연으로 사게 된 것입니다. 재미있는 것은 작품가격이 너무 비싸서 당시에는 안 샀습니다. 돌아오면서는 내내 조각 생각만 했습니다. 작품은 막 목욕을 한 아가씨가 자기 얼굴을 거울에 비춰보는 모습인데, 8등신 여인의 신체 비율과 우아한 곡선, 아름다운 머리칼로 여성의 아름다움이 잘 표현되어 있습니다. 화장품사업을 하는 저와 너무 잘 맞는 겁니다. 그래서 이런 넋두리를 잘 아는 인사동 화랑 사장님에게 했습니다.

얼마 후, 화랑 사장님이 파리에서 전화를 걸었습니다. '당신이 본

작품을 내가 계약금을 치렀다. 화장품회사 사장이 이런 작품을 안 사면 누가 사느냐?' 당시 코리아나를 시작한 지 얼마 되지 않아 자금이 부족할 때였지만 이전 상여금을 털어 산 작품을 생각하며 샀습니다. 그 후에도 프랑스에 종종 갈 일이 있는데 아직도 이보다 더 마음에 드는 작품은 만나지 못한 것 같습니다.

그리고 수집품 가운데 빼놓을 수 없는 게 종(벨)입니다. 저를 종종 벨 콜렉터, 종 박사라고도 부르기도 합니다. 처음 종과 인연을 맺게 된 건 라미화장품의 히트 브랜드 '라미벨'이 탄생했을 때입니다. 1981년에 신제품을 출시하는데 종의 모습을 딴 용기와 라미벨이라는 이름을 확정해 놓고 광고를 어떻게 해야 하나 고민을 했습니다. 이왕 광고하는 거 소비자들에게 확실히 각인시킬 방법을 생각하고 있었습니다. 그때 박사학위 취득도 하고 시장조사도 할 겸 미국에 출장을 갔습니다. 비행기에서 내내 광고를 구상했죠. 그러다 갑자기 떠오른 생각이 종(벨)을 등장시켜 라미벨이라는 이름과 연결하면 기억에 잘 남겠다는 생각이 들었습니다.

종은 동서고금을 막론하고 악을 쫓고 행운을 불러오는 성스러운 물건이잖아요. 그렇게 미국에서 예쁜 종 10개를 사서 바로 광고 소품으로 사용했습니다. 실제로 광고에 사용된 귀여운 종들이 행운을 불러왔습니다. 라미벨이 발매되고 드디어 흑자 전환이 이루어졌으니까요. 그 후로 외국 출장 갈 때마다 특색이 있는 종들을 사 모았습니다. 종을 모은다는 사실이 알려지니까 사람들이 사다 주기도 하고

종 전시관(코리아나 화장박물관 제공).

그래서 지금은 1,000여 개가 됩니다. 세계 각지에서 온 종들이어서 모양도 천차만별이고 재질도 청동, 유리, 은, 동, 사기, 크리스털 등 각양각색입니다. 종을 30년 넘게 수집하다 보니 기술자나 제작자도 아니지만 '종박사'라는 별명이 생겼습니다. 특이한 종을 찾아서 각국의 뒷골목과 벼룩시장을 다니던 기억이 지금도 생생합니다.

개인 수집가에서 박물관 설립을 결심하신 것이 쉽지 않으셨을 것 같습니다.

수집을 시작한 것도 그렇지만 박물관도 자연스럽게 됐습니다. 2000년 들어 집과 사무실을 둘러보니 진열도 하지 않고 신문지에 둘둘 말아 놓은 것이 여기저기 많이 보이는 겁니다. 그래서 박물관을 만들어야겠다 생각했습니다. 근데 생각은 쉬웠지만 박물관을 만든다는 것이 쉬운 일이 아니더라고요. 처음에는 인사동을 생각하고 부지를 찾았습니다. 그런데 이런저런 조건을 맞추다 보니 땅 가격이 자꾸 올라 망설였습니다. 그때 누군가가 강남에 가라고 해서 오게 된 게 지금의 자리입니다. 2002년도에 여기다 건물을 지어 박물관을 세웠는데 이 건물은 대지가 175평이고 건물이 800평입니다.

박물관을 계획하면서 생각한 것이 우리 것이 너무 쉽게 잊힌다는 것이었습니다. 농경사회에서 산업사회로 변하면서 우리가 사는 생활양식과 문화가 너무 많이 바뀌었습니다. 변하고 발전하는 건 좋지만 고유의 특성이나 한민족의 문화에 대한 중요성이 많이 주목받지 못하고 있는 게 아쉬웠습니다. 진정한 선진국의 기준은 물질적이나 경제적 풍요에만 있는 것이 아니라 전통문화의 가치를 존중하고 보전하여 새로운 문화 창조에 나설 수 있느냐 하는 것이잖아요. 그래서 우리 문화, 우리 전통의 아름다움을 보여 주는 시설을 만들어야겠다는 마음을 갖게 된 거죠. 그리고 외국 명품 화장품 회사들이 하는 문화활동을 보면서 여성과 화장 관련 전문박물관이나 문화시설에 관심이 생겼습니다. 우리가 여성의 아름다움과 행복을 추구하는 화장품 회사를 운영하는데 우리 문화의 의미와 가치를 높이는 일에 도움을 줄 수 있어야겠다고 생각하게 된 겁니다.

그렇게 유물 수집을 하면서 시대를 초월하는 여성들의 아름다움을 보는 기회가 되었습니다. 우리 옛 여인들의 생활문화, 화장문화를 볼 수 있었고 신라의 토기, 금제장식품, 고려의 청자유병, 청자 분항아리, 조선의 백자 분접시, 분수기, 분항아리 등과 같은 화장구를 비롯해 복식, 장신구, 생활용품을 통해 우리 조상들의 지혜로움과 장인정신을 알 수 있었습니다. 또 그 사람들의 멋스러운 삶을 느끼면서 우리 것의 소중함을 되새겼습니다. 이런 유물들을 코리아나 화장박물관에서 국민과 함께함으로써 한국의 화장 문화와 미를 한 단계 높이고 있다고 자부합니다.

박물관 건물이 독특한데 여기에도 어떤 특별한 의미가 있는지요?

우리나라의 3대 건축가로 평가받는 정기용 건축가가 설계했습니다. 강남구청에서 아름다운 건축으로 선정하기도 했고 국립현대미술관과 서울시립미술관에서 있었던 건축 전시회에 소개되기도 했습니다. 또 독일에서도 소개되었습니다. 더욱이 우리 박물관은 문화적으로 지은 건물입니다. 상업적이 아니고 문화적인 건물입니다. 그런 박물관의 특징을 잘 보여 주는 것이 층마다 심은 나무입니다. 관장실 앞의 작은 정원부터 건물 안에 층마다 나무를 심어 자연환경을 조성한 것이 특징입니다.

정기용 씨가 박물관 설계를 맡고 나서 하시는 말씀이 자신이 프랑스에 가서 16년을 있다가 돌아와 보니 도시가 바뀌었다고 하더군요. 이전에는 강남이 다 논밭이었는데, 이제는 온통 빌딩이 들어서 이전 모습을 찾을 수가 없었다고 합니다. 그래서 논밭이 도시화한 것을 회상하기 위해서 층마다 나무를 심어서 식물과 건물이 함께 있도록 하자는 취지였습니다. 그리고 8층 옥상에는 조그마한 연못도 마련했습니다. 여름엔 연꽃과 함께 피어나는 꽃들이 관람객에게 코리아나 화장박물관을 다시 생각하게 해 주지요. 여기는 옥상이나 층층이 모두 아름다운 작은 정원입니다. 특히 저를 위해서 소나무도 심었습니다. 제 호가 송파(松坡)잖습니까?

박물관에서 자연과 어우러지는 대표적인 모습은 집무실 앞 정원의 빨간 열매입니다. 겨울에 먹을 것이 없는 새들을 위해 조성한 것인데 비둘기, 까치, 참새 등 이름 모를 산새도 와서 먹습니다. 그 모습을 보면 우리 코리아나와 함께 먹고사는구나 하는 느낌이 듭니다. 문화라는 것이 이런 거 같습니다. 자기가 어떻게 하느냐에 따라 좁은 공간, 도심에서도 문화를 일굴 수 있습니다. 이 도시라는 곳이 인간만 사는 게 아니라 새들에게 먹이도 주는 그런 문화 말이지요. 그러다 보니 강남에서 옥상에 나무 심는 집들이 많아졌습니다.

저희 건물은 건축가의 의견이 백 퍼센트 반영된 건물입니다. 집주인보다는 집을 짓는 사람이 알아서 지었다는 것이죠. 우리의 한옥처럼 말입니다. 우리나라 건축사에서도 중요한 의미가 있다고 생각합니다. 그래서인지 건축학과 학생들이 견학을 많이 옵니다. 박물관뿐 아니라 미술관도 같이 시작했습니다. 먼저 말씀드렸지만 주로 동양화를 수집했고, 외국 출장 가면 꼭 한두 점씩 외국 그림도 사 왔습니다. 이건 사실 열정이 있어야 하죠. 쉽게 산 것도 있고 어렵게 입수한 것도 있고, 여러 가지 어려움을 극복해야 좋은 작품을 수집할 수 있습니다. 전시도 열심히 해서 요새는 외국 작품을 많이 전시합니다. 2016년 봄에는 한국-프랑스 수교 130주년 기념으로 프랑스의 미인도와 우리나라 미인도를 함께 전시했습니다. 아름다운 것을 보는 것은 세계가 공통입니다. 그래서 외국인도 좋아하고 한국인도 참 좋아합니다.

관장님이 평소에 늘 말씀하시는 것이 공부인데, 문화재에 대한 공부와 박물관 경영은 어떻다고 생각하시는지요?

박물관을 세우기 전부터 박물관을 공부했습니다. 1982년 국립중앙박물관이 경복궁에서 개설한 박물관대학을 6기로 등록했습니다. 치열한 경쟁을 뚫고 입학을 해서인지 1년 코스인데도 아직 교류가 활발합니다. 그리고 고려대학교박물관 문화예술 최고위과정에서도 공부했습니다. 지금도 계속 공부를 하지만 끈질긴 기다림과 열정이 좋은 수집품을 모을 수 있듯이 공부도 그러합니다. 특히 유물을 보는 눈과 가치를 알려면 박물관에 다니며 항상 공부를 해야 합니다.

그리고 공부에서 얻어진 것은 바로 써야 효과가 납니다. 한 예로 1990년대 초반에 프랑스 출장을 갔습니다. 보통 출장 일정이 끝나면 화장품 가게를 쭉 한번 보고 나서 뮤지엄에 갑니다. 그렇게 로댕 뮤지엄에 갔는데 전시품과 박물관을 보자 이것을 상업적으로 이용할 생각이 들었습니다. '로댕' 그러면 작품은 몰라도 한 번쯤은 들어 봤잖아요. 그걸 기업가인 저는 상품으로 생각한 겁니다. 그래서 귀국하자마자 로댕으로 상표등록을 했습니다. 다행히 그때까지 등록이 안 되어 있더군요. 그리고 로댕화장품을 만들었습니다. 이전 라미화장품 때도 파리의 샹젤리제 거리를 걷다가 문득 엘리제 궁 옆에 현대식 건물이 엘리제라는 것을 보고 바로 상표등록을 했습니다. 그래서 엘리제라는 메이크업 제품이 만들어졌습니다. 이렇게 경영자라

(코리아나 화장박물관 제공).

면 예술에서도 아이디어를 찾아야 합니다.

박물관 경영은 처음이셨을 텐데 전문 기업인과 비교하여 박물관장으로 운영할 때의 차이가 있나요?

박물관이라는 것이 문화적으로는 큰 의미가 있는데 경제적으로는 인건비, 관리비, 전기수도세 등 비용이 많이 들어가더군요. 부족한 경비를 채우고자 건물 1, 3, 4층은 세를 줬습니다. 그런데도 모자랍디다. 1년에 몇 번씩 특별전을 하는 비용도 만만치 않습니다. 유물 운반비는 기본이고 도록이나 책도 발간하고 기타 경비도 듭니다. 그래서 모자라는 비용은 법인에서 충당을 해 주고 자체 수입은 그냥 문화적 수입으로 생각합니다.

최근에는 전문 경영인보다는 박물관장이라는 호칭이 더 잘 어울리는 것 같다는 말을 듣습니다. 그래도 저는 기업인입니다. 경영을 잘해서 소득을 많이 내고 기업을 발전시키는 게 CEO의 역할인데, 요새는 아니어도 예전에는 성공한 CEO로 인정을 받았습니다. 한국의 CEO 50인, CEO 100인으로 선정되기도 했습니다. 소비자는 좋은 제품을 만들어 내는 기업을 좋아합니다. 관람객도 좋은 유물과 전시를 하는 박물관을 좋아합니다. 이것을 우리 회사로 보면 코리아나 화장품이 추구하는 이미지는 기업 목적에 맞게 좋은 화장품을 만들어 많은 사람을 아름답게 하는 것이고, 코리아나 화장박물관은 문화재를 통해 전통과 문화를 보존 전승하는 것입니다.

기업을 발전시키는 방법은 여러 가지가 있지만 우리는 사람을 아름답게 한다는 기업 목적을 실현하면서 수출과 매출도 무척 높습니다. 여기에 박물관을 운영하며 문화를 향상시킨다는 부수적인 효과까지 끌어낸다면 기업 이미지도 훨씬 더 높아지지 않겠어요? 그러면 소비자들이 볼 때 우리 기업을 더 신뢰할 것입니다. 그런 면에서 CEO 겸 컬렉터로 좋은 유물을 수집해서 박물관, 미술관을 운영하는 것에도 성공하고 싶습니다.

수익을 목적으로 한다면 박물관을 세우지 않았을 겁니다. 말한 것처럼 금전적인 생각보다는 전통문화를 유지하는데 중점을 두었습니다. 유물을 보여 주는 것, 유물을 기증하는 것이 참 좋습니다. 제가 기증한 문화재를 사람들이 감상해 주는 것이 영광스러운 일입니다. 그래서 국립중앙박물관을 시작으로 제가 나온 덕수상고 100주년 기념관에도 기증했습니다. 충남 청양군에 있는 백제문화체험박물관, 고향의 농업박물관까지 유물이 필요한 곳이라면 어디라도 기증했습니다.

마지막으로 코리아나 화장박물관에 찾아오시는 관람객들에게 어떤 마음을 전하고 싶으신가요?

가끔 이 건물을 팔라고 오는 사람이 있습니다. 땅값도 많이 올랐지만, 이제는 강남이라는 데가 대한민국의 중심으로 발돋움했습니다. 그런데 경제가 발전했으면 문화가 있어야 합니다. 문화가 없으면 후진국입니다. 소득은 높은데 문화가 없으면 안 되죠. 고려 때 화장 문화만 봐도 엄청나게 발달했는데 현대화되는 바람에 전통문화에 대한 관심이 줄었습니다. 이런 전통문화의식을 고양하기 위해 박물관, 미술관을 계속 운영해야 합니다. 또 문화재단 같은 걸 하고 싶은데 법인이 유지해 나갈 수 있으면 좋겠습니다.

그리고 우리 박물관은 위치가 좋습니다. 그래서 더 안 팝니다. 세계에서 빛나는 대한민국, 대한민국에서도 빛나는 서울특별시, 그 안에서도 아름다운 강남, 거기서도 압구정동의 금싸라기 땅입니다. 지금도 수입 없이 돈을 쓰고 있는데 경제적으로는 바보짓이지요. 하지만 문화적으로 보면 제일 좋은 땅에서 우리 문화를 지키고 있으니까 얼마나 좋습니까? 그리고 모든 박물관에 관람객이 많았으면 좋겠습니다. 용산 국립중앙박물관에 가면 공원도 있고 호수도 있고 식당도 있고 좋은데, 놀아도 그런데 가서 놀면 좋지 않겠어요? 그래야 문화인이 되는 겁니다. 박물관에 자주 가면 참 좋습니다. 요사이 박물관은 상설전시도 자주 교체하고 체험전 등을 열어 체험과 현장학습도 합니다. 이전과 달리 전시 형태도 바뀌었습니다. 학교도 토론식으로 수업을 진행하고 현장교육도 많다고 합니다. 이렇게 하면 그저 외우는 공부가 아니라 창의적 공부가 됩니다. 그러면서 좋은 아이디어도 나옵니다. 그러기 위해선 어려서부터 박물관에서 자주 보고 느끼는 체험이 중요합니다.

제가 수집한 것이지만, 화장박물관의 유물들은 한 점 한 점에 세월이 녹아 있습니다. 그 안에 담겨 있는 가치를 많은 사람과 함께 나누고 함께 소유하고 싶습니다. 이제 우리의 것으로 자리 잡게 하고 싶습니다. 박물관에 들어서는 모든 사람이 오랜 세월을 넘나드는 시간 여행을 하고, 우리 문화의 가치를 느끼고, 옛 여인들과 대화를 나눌 수 있는 바람을 꿈꿉니다. 코리아나 화장박물관, 미술관으로 그런 대화의 장을 마련했다는 것이 50년 유물 수집의 가장 큰 보람입니다.

인류의 아름다움과 행복을 나누는 화장품 회사를 창업하고, 문화재를 모아 박물관을 세워 후세에 전하고 있다는 점에 너무 감사합니다. 앞으로 코리아나가 이 땅의 화장 문화, 나아가 세계의 화장 문화를 이끄는 훌륭한 기업으로 성장하기를 바랍니다. 그것이 이루어질 수 있도록 매일매일 최선을 다할 것입니다. 아직도 하고 싶은 일이 많습니다. 오늘도 내일을 계획하고, 내년을 계획하고, 새로운 천 년의 미래를 준비할 것입니다.

(코리아나 화장박물관 제공).

Coreana Cosmetics Museum
코리아나 화장박물관

박물관 소개

코리아나 화장박물관 전경

코리아나 화장박물관은 한국 옛 여인의 화장문화를 보존하고 널리 알리고자 설립한 국내 최대 규모의 전문 화장박물관이다. 코리아나 화장품의 창업자인 유상옥 회장이 지난 40년간 소중하게 모아온 컬렉션을 기반으로 설립한 화장박물관은 신사동 스페이스 씨, 천안 송파기술연구원 내, 총 두 개 관으로 운영하고 있다. 2003년 서울 강남 신사동에 설립된 문화공간 스페이스 씨 화장박물관은 다양한 테마전과 연구 활동을 본격적으로 펴 나가고 있다. 더불어 해외전시를 통해 한국의 아름다운 화장문화를 세계에 널리 알리는 데 힘쓰고 있다.

박물관은 남녀 화장도구를 비롯하여 화장용기, 장신구 및 생활문화에 관련된 유물 300여 점을 전시하여 한국 화장의 역사와 문화를 한 자리에서 감상할 수 있도록 하였을 뿐 아니라, 전통 천연화장재료와 제조도구를 함께 전시하여 선인들의 지혜와 미감을 체험할 수 있도록 하였다. 박물관은 유치원과 청소년, 일반인을 대상으로 진행되는 박물관 교육프로그램을 통하여 화장문화를 깊이 이해하고 전통문화를 배울 기회를 제공하는 데 크게 이바지하고 있다.

위치: 서울특별시 강남구 언주로 827 스페이스 씨 (신사동 627-8)

대표번호: 02-547-9177

전시와 프로그램

• 전시장 소개

코리아나 화장박물관 내부 전경.

로비_한국 화장의 역사를 연표로 소개.

전통화장재료_천연화장재료와 제조도구 소개.

화장용기_통일신라 시대부터 근대 화장품까지 시대별 화장용기 소개.

• 박물관 프로그램 소개

코리아나 화장박물관은 박물관 상설 프로그램 [향유, 향첩 만들기], 나만의 향기를 만드는 주말 프로그램 [DIY 향기를 담을 상자], 유아단체 프로그램 [킁킁 무슨 향기지], 청소년 진로체험 프로그램 [아름다운 꿈을 꾸다], 대학생을 위한 한국화장문화사 강의 프로그램 [K-뷰티, 한국의 아름다움에 대하여] 등을 운영하고 있다.

寬

관용으로 대하는
사람과 유물

흔히들 김종규 관장을 말할 때 문화계 '풍류객이자 마당발'이라고 한다. 그래서인지 그동안 거쳐 온 직함도 많다. 박물관과 관련해서는 1976년 한국민중박물관협회 설립 발기인을 시작으로 협회 이사(1976~90), 한국박물관협회 부회장(1990~98), 협회 회장(1999~2006), ICOM '2004 서울세계박물관대회' 공동조직위원장(2002~2004), 국립중앙박물관 용산 개관준비위원장(2005), 국립박물관문화재단 이사장(초대~2대)을 역임하였다. 그 외에도 문화재청 문화재 전문위원(1991), 문화재위원(1995~97), 현재는 한국박물관협회 명예회장(2007~현재), 문화유산국민신탁 이사장(2009~현재), 국립세계문자박물관 건립위원회 공동위원장(2017~현재)으로 활동하고 있다.

이처럼 많은 직함은 평소 자신의 인생을 요약하며 말하는 '일생일업(一生一業)'처럼 책과 문화재에 대한 사랑을 실천한 모습을 보여 준 것이다. 그런 사랑은 책과 문화재, 아울러 사람에 대한 관용이 있어야만 한다. 이것은 논어의 '뭇사람을 두루 사랑하여야 한다(汎愛衆)'와 닿아 있다. 그런 관용의 마음을 가진 그를 문화계에 몸담은 사람들은 '문화계의 대부'라고도 말한다.

평생을 출판업 하나에 몸담았고 지금은 출판박물관을 운영하는 그가 출판에 발을 디딘 것은 형인 삼성출판사 창업자 김봉규 씨의 권유로 시작된다. 1965년 직원으로 출발하여 1989년 삼성출판사 사장을 거쳐 회장을 역임했다. 그간 많은 성공을 이뤘지만, 박경리의 『토지』는 자타공인 그의 대표 성공작이다. 그리고 출판에서 이룬 성공만큼 수집에도 열정을 보였다. 문학도를 꿈꾸었던 그가 오래되고 가치 있는 책을 모은 것은 당연한 일이다. 1960년대부터 개인재산으로 모으기 시작한 출판·인쇄 관련 자료는 1970년대 민중박물관협회를 추진하며 박물관 설립을 구체화하기에 이른다.

1990년, 서울 당산동에 국내 최초의 출판박물관으로 삼성출판박물관이 세워진다. 박물관은 이름처럼 다양한 고서들과 책들이 대부분이다. 박물관에 소장된 국보 제265호 〈초조본대방광불화엄경 주본 권13〉과 보물 제758-1호 〈남명천화상송증도가〉 등은 그가 수집한 대표적인 컬렉션이다. 그런데 처음 수집을 시작할 때는 반대가 많았다고 한다. "당시 큰형(김봉규)은 이러한 고서 컬렉션 활동에 대해 탐탁지 않아 하셨어요. 형은 박종화, 김동리 선생들에게 '골칫거리입니다. 힘들게 새 책 팔아, 기껏 헌 책을 사들입니다'라고 하소연했다고 해요. 그런데 선생들께서는 '작은 사장(김종규), 멋진 일이야. 계속하시게'라고 격려해 주셨어요." 이처럼 그의 박물관 건립과 운영도 남다른 이야기가 많다.

박종화, 김동리, 이효상, 유진오 등 문화계 쟁쟁한 분들의 격려로 수집활동을 하셨다고 하는데 박물관 건립은 어떤 동기로 시작하셨는지요?

개인 수집품으로 시작한 삼성출판박물관은 한국의 출판, 인쇄 문화유산을 수집·전시하기 위해 설립했습니다. 특히 우리나라는 세계에 자랑할 만한 인쇄문화와 역사를 가지고 있습니다. 이러한 인쇄문화와 역사를 후손들에게 알리고, 우리의 문화를 지켜야겠다는 생각에서 한국 최초의 출판박물관을 계획하게 되었습니다.

인간이 90세까지 산다고 가정했을 때, '인생의 3·3·3의 세 단계에 대해서 말한 적이 있습니다. 30년은 준비하는 시기, 30년은 생업에 최선을 다하는 시기. 그다음 30년은 되돌려 주는 단계입니다. 이러한 마음가짐을 가지고 출판 경영을 하면서 얻은 경험과 이익을 사회에 되돌려 주고자 삼성출판박물관을 운영하고 있습니다.

이전에 기업의 사회 환원에 대해 깊이 생각해 본 적이 있습니다. 철강왕이라는 불리는 앤드루 카네기는 60대에 기업에서 손을 완전히 떼고 20년간 사회를 위해 봉사했습니다. 그의 삶에서 굉장히 깊은 감명을 받았습니다. 그래서 출판인의 한 사람으로서 저 또한 사회에 이바지해야겠다고 생각했습니다.

그리고 이런 사회환원과 출판업에서 비롯된 것도 있지만, 1990년대 당시 문화부 장관이었던 이어령 장관이 우리나라에도 1,000개의 박물관이 있어야 한다는 이야기에서 받은 영향이 가장 큽니다. 출판인으로서 전 생애를 바칠 마지막 사명이라는 각오입니다.

다른 사립박물관과 같이 삼성출판박물관도 유물 수집에 남다른 고충이 있으셨을 것 같습니다.

유물 수집에는 간송미술관 전형필 선생의 영향이 큽니다. 직접 뵙지는 못했지만, 6·25전쟁 부산 피난시절, 신뢰를 바탕으로 피난민들의 골동품을 모으셨다는 이야기에 감명이 깊었습니다. 단순한 판매자와 구매자 관계가 아닌 사람과 사람으로 가치를 매기셨다고 합니다. 간송미술관 소장품이 풍부한 것도 선생의 열정에 힘입은 바가 크다고 생각합니다. 그런 열정이 저에게는 유물 수집에 많은 도움이 되었습니다. 한 예로 『오발탄』, 『학마을 사람들』, 『피해자』, 『분수령』

등을 발표한 소설가 이범선의 유품을 유족이 조건 없이 기증하여 주셨습니다.

삼성출판박물관이 책을 중심으로 한 박물관이라는 점은 새삼 강조할 필요가 없겠습니다. 저희 소장품은 책이 대부분입니다. 〈월인석보〉를 비롯해 국보급 고서 문화재들이 다수 있습니다. 대표적 소장품인 〈남명천화상송증도가〉처럼 소장가가 '이왕이면 박물관을 만들 사람에게 주겠다'며 직접 찾아온 경우도 있습니다. 〈초조본대방광불화엄경 주본 권13〉은 1980년대에 구매하였는데 당시 돈으로 2억 원이 필요했습니다. 그래서 처남(임인수 한림출판사 사장)에게 돈을 빌리면서 형에게는 말하지 말라고 신신당부하기도 했습니다.

들으신 것처럼 처음 수집을 할 때는 부친과 형님께 구박을 많이 들었습니다. 돈만 들어가는 수집품을 보고 아버지는 미친놈으로 여기셨고, 형님 또한 헌책 냄새 난다고 근처에도 오지 말라고 하실 정도였습니다. 그런데 박물관 개관 행사 때는 이어령 장관이 축사하고, 5주년 때는 이홍구 총리가 왔습니다. 그렇게 주변에서 인정을 해주니, 비로소 형님이 '우리 종규 생각이 옳았다'라고 하시더군요. 그리고 신문에 두 형제가 공동설립이라는 기사가 크게 난 것을 보고 눈물이 날 정도였습니다. 지금 이 자리에 있는 것도 형님이 창업하신 삼성출판사가 있었기 때문입니다. 그래서 이름도 삼성출판박물관입니다.

학촌서실(鶴村書室), 『오발탄』, 『학마을 사람들』의 작가 학촌 이범선(鶴村 李範宣) 유족분들로부터 기증받은 유품들.

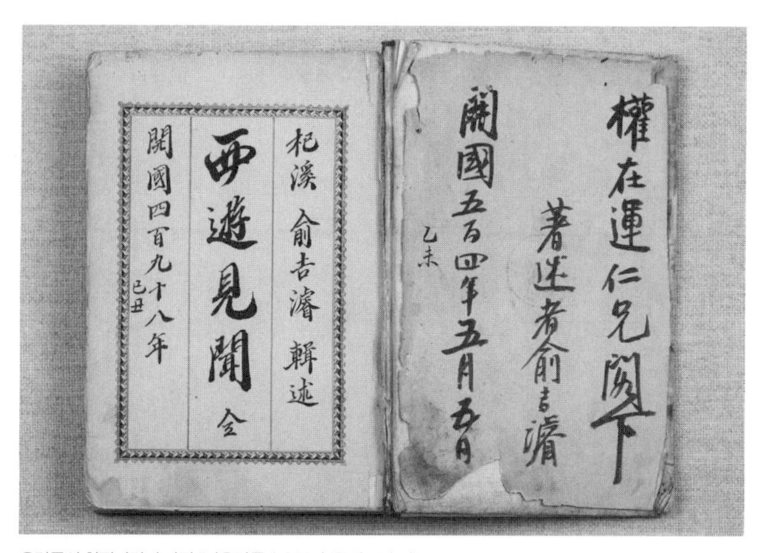

杞溪 兪吉濬 輯述
西遊見聞 全
開國四百九十八年 己丑

權在運仁兄閣下
著述者兪吉濬
開國五百四年五月五日 乙未

유길준의 친필서명이 담긴 『서유견문』(1895년, 동경 교순사).

문화계에서는 관장님을 대부이자 풍류객이라고 부릅니다. 그래서인지 삼성출판박물관의 일명 '김종규 살롱'도 유명하다고 들었습니다.

제 좌우명이 논어에 나오는 '무엇을 아는 사람은 좋아하는 사람만 못하고 좋아하는 사람은 즐기는 사람만 못하다(知之者 不如好之者 好之者 不如樂之者)'입니다. 또 '누구에게 베푼 것은 절대 생각하지 말고 받은 것은 절대 잊지 마라. 다른 사람의 단점을 함부로 말하지 말고 자기 자랑은 함부로 하지 마라(施人愼勿念 受施愼勿忘, 無道人之短 無說己之長)'도 있습니다. 좌우명에서 보듯이 저는 어떤 일보다도 인간관계가 가장 중요하다고 생각합니다.

그래서 '김종규 살롱'으로 부르는 모임을 열었습니다. 매주 수요일 저녁 삼성출판박물관 6층에서 문화계 인사들과 정기적인 모임도 하고 강의도 진행합니다. 그동안 동국대 김상현 교수가 『삼국유사』를, 러시아 대사를 지낸 이인호 교수가 러시아 역사를, 방송작가로 유명한 신봉승 씨가 『조선왕조실록』을, 동양철학의 대가인 김충렬 교수가 동양 고전을 강의해 주셨습니다. 저는 이렇게 좌우명을 실천하며 문화계를 망라해 다양한 분들을 만나면서 자주 접하는 것이 일상입니다. 그런 면에서 인간관계는 절대적이라고 생각합니다. 박물관이 규모와 다른 것들도 중요하지만, 관장을 비롯한 직원들의 인간관계가 나쁘다면 생존하기 어렵습니다.

아마도 그러한 관용으로 인간관계를 넓혀 가시는 모습이 평소에 축사로 잘 나타나는 것 같습니다.

누군가는 저를 '축사의 달인'이라고도 부르는데 황송한 말입니다. 축사하는데 큰 비결은 없고, 칭찬이 가장 중요하다고 생각합니다. 먼저 앞서 축사한 사람이 한 말을 짚어서 칭찬하는 것입니다. 그리고 행사에 중심인 사회자를 칭찬해야 분위기가 살아납니다. 다음엔 주최 측과 주빈을 모두 고려해야 합니다. 물론 이 과정을 짧게 하고 유머를 덧붙여 지루하지 않게 하는 것이 중요합니다. 마지막으로 이 과정에서 두루뭉술하게 칭찬하는 것이 아니라 구체적으로 진정성 있게 하는 것이 가장 중요합니다. 그래서 저는 축사를 할 때 이러한 마음가짐을 우선으로 합니다.

박물관과 미술관 등 문화계의 각종 행사의 축사를 많이 해 왔습니다. 어떤 날은 일곱 군데에 참석해 축사한 적도 있습니다. 서울은 물론이고 경주, 광주, 부산에 내려가 축사를 했고 심지어 축사를 위해 중국 베이징까지도 간 적이 있었습니다. 피곤함보다도 저를 필요로 해서 불러 준다는 고마움이 앞서기에 더 열심히 갈 수 있었던 것 같습니다. 이렇게 활동이 많아서 오히려 건강을 잘 유지하는 것 같습니다. 기억나는 것으로 국립중앙박물관 청자정 개막식이 생각납니다. 국립중앙박물관이 용산에서 재개관을 하고 나서 한편으로 뿌듯하면서도 어딘가 모르게 허전한 마음이 있었는데, 청자정을 딱 보고 나니

'아! 랜드마크가 없었구나'하는 생각이 듦과 동시에 '화룡점정' 딱 네 글자가 떠올랐습니다. 일상적으로 많이 쓰이는 사자성어지만 그때의 상황에 이보다 더 적절한 비유는 없었던 것 같습니다.

우리 문화에 대한 각별한 사랑으로 '문화계 마당발'로도 불리시는데, 특히 관장님이 이사장으로 계시는 문화유산국민신탁의 '문화재 지킴이 십만양병설'이 인상 깊습니다.

'국민이 믿고 맡긴다'는 뜻의 국민신탁은 1895년 영국에서 처음 시작된 민간차원의 문화유산 및 자연환경 영구보전 활동인 '내셔널 트러스트'를 모델로 삼아 우리말로 옮긴 것입니다. 그러나 이게 단순히 따라 하는 것만이 아니라 전통적인 공동체 정신에 뿌리를 두고 있다고 보아야 할 것입니다. 예를 들어 '향약'의 경우를 보더라도 우리 어릴 적에는 마을 사람들이 공동으로 일하는 것이 일반적이었습니다. '개인의 것이 아니라 공동의 것을 함께 지킨다'는 정신이었죠.

실제 우리 문화재를 지키려는 시민운동은 국민신탁 이전에도 존재했습니다. 경주의 신라문화동호회, 광주광역시의 대동문화원 등의 활동이 대표적입니다. 문화유산국민신탁과의 인연은 2006년 당시 유홍준 문화재청장이 설립위원장을 맡아 달라고 한 것이 계기가 되었고, 이건무 청장 때 2대 이사장이 되고, 최광식 청장 때 다시 중

임되었습니다. 그동안 300여 명이던 회원을 3,200여 명으로 늘렸고, 이제부터는 10만 회원을 목표로 하고 있습니다.

그리고 문화유산국민신탁은 동래 정씨 동래군파 종택과 윤경렬 옛집을 기증받으면서 본격적 행보를 시작하였습니다. 지금도 많은 분이 협력해 주고 계신데, 그중에서 국민신탁 이사인 박병원 전국은행연합회 회장의 열정이 대단하며, 고문이신 이어령 전 문화부장관, 이인호 전 KBS이사장은 설립준비위원장 시절부터 많은 도움을 주고 계십니다.

사실 초반에는 문화유산국민신탁이 잘 알려지지 않았습니다. 그래서 어떻게 해야 국민과 언론의 주목을 받을지 고민이 많았습니다. 그러던 중 조정래 작가의 소설 『태백산맥』에 나오는 보성여관(전남 보성군 벌교읍 소재)을 복원해 역사체험시설로 개관할 때부터 사람들의 관심이 커졌습니다. 2008년 보성여관 관리단체로 지정된 후 4년간 복원 작업을 거쳐 2012년 6월에 개관식을 하였습니다. 그리고 개관식에 조정래 작가, 영화 「태백산맥」의 연출자인 임권택 감독, 그리고 복원 설계자인 김원 건축가, 벽화를 그린 이종상 화백 등 쉽게 모이기 힘든 네 분을 모셨습니다. 그러자 언론에서 관심을 보였고, 자연스레 국민신탁의 이름도 널리 알려졌습니다. 또한, 미국 워싱턴에 있는 주미 대한제국공사관을 매입해 102년 만에 되찾은 것도 문화유산국민신탁의 존재를 알리는 데 큰 역할을 했다고 생각합니다.

그리고 참여하시는 분들에게 주는 작은 인센티브도 문화유산국민신탁을 알리는 것에 중요한 역할을 하고 있습니다. 한 예로 '4대궁 무료관람 혜택'은 참여에 굉장히 도움이 됩니다. 이처럼 누군가 좋은 일을 하면 받은 사람같이 주는 사람도 기분 좋게 해 줘야 한다고 생각합니다. 부부간에도, 사제간에도, 친구지간에도 서로 윈-윈하는 것이 좋습니다. 문화유산을 지켜야 한다는 애국심도 들면서 동시에 즐길 기회를 제공하는 것이 좋습니다.

'10만 양병설' 같은 경우는 개인적으로 꿈처럼 생각하던 것인데, 그게 언론에 소개되었던 겁니다. 그러나 지금처럼 급속도로 회원이 늘어나는 추세를 볼 때, 이것이 불가능한 것만은 아니라고 생각합니다. 영국의 내셔널트러스트는 현재 회원이 420여만 명이며 전통이 120년이나 됩니다. 우리도 언젠가는 문화재를 지키는 개미군단이 10만뿐 아니라 100만이 될 것입니다.

문화유산은 국가가 다 관리할 수 없습니다. 쌀농사에 비유하면 문화재를 소장·관리하는 국립중앙박물관이 전체를 아우르는 댐이고 국민 활동은 농사에 필요한 물을 대는 못과 저수지에 비유할 수 있습니다. 정부의 문화재 정책도 중요하지만, 국민의 애정과 관심이 없으면 전국 구석구석의 문화재를 지켜 내기가 불가능합니다. 전국 곳곳에서 문화재 지킴이 10만 명이 활동한다고 생각해 보세요. 우리 몸의 모세혈관 같은 역할을 할 것이고 그 덕분에 우리 문화재가 함부로 훼손되지 않을 겁니다. 이것이 바로 문화재 지킴이 10만 양병이 필요한 이유입니다.

집안에서 돈만 들어간다며 반대한 것처럼 사립박물관 운영이 쉽지는 않으리라 생각됩니다.

원래 글 쓰는 것을 좋아해서 국문학과에 가고 싶었습니다. 하지만 고향인 목포에서 서울로 유학을 보내는 게 쉽지 않은 시절이었습니다. 더욱이 서점을 운영하던 집안이라 회사 운영에 도움이 되길 바래서 목포상고를 나와 동국대학교 경제학과를 다녔습니다. 졸업한 후에는 부산대학교 경영대학원으로 진학하였지만, 국문학과에 진학하지 못한 것이 못내 아쉬웠습니다. 그런데 오히려 지금에 와서는 박물관을 경영하는 데 도움이 되었다고 생각합니다.

박물관 운영은 아마 사립박물관 대부분이 같은 처지일 것입니다. 처음 박물관을 할 때는 주위의 도움도 있었지만, 운영비 대부분을 사비로 마련했습니다. 현재도 1년에 사비 1억 정도를 넣고 있습니다. 거기에 국가에서 지원해 주는 학예인력지원사업 보조를 포함하여 후원비 등으로 운영비를 마련합니다. 특히 학예인력지원사업 같은 경우에는 한국박물관협회 회장 재임 시 국가보조금을 조성하고자 광주일보 허달재 사장과 함께 기획예산처를 설득한 사업입니다.

이처럼 밖에서 보이는 것과는 달리 박물관은 운영비 부담이 아주 큽니다. 작은 사립박물관들이 쉽게 문을 닫는 이유도 유지비 부담이 큰 때문이라고 생각합니다. 하지만 운영하기 어렵다면 다른 곳에 기증하되 흩어지지 않게 하라는 말을 남기고 싶습니다. 그 이상 바라는 것은 사람의 욕심이라고 생각합니다. 있는 동안에 최선을 다하고, 최선을 다한 것을 자식들에게 보여 주는 것이 중요합니다. 우리나라엔 1,600여 개의 박물관이 있습니다. 앞서 이어령 전 장관이 언급하던 시기와 비교하면 많은 박물관이 만들어졌습니다. 그래서 앞으로 박물관 건립에 관심 있는 사람들의 여론을 들어 보는 것이 중요하다고 생각합니다.

박물관이라고 하는 것은 특수박물관, 종합박물관, 기념관, 식물원, 동물원, 수족관 모두를 포함합니다. 이런 박물관으로 국가에서 인정을 받자면 박물관미술관진흥법에 있는 연간 200여 일을 운영 규정을 준수해야 합니다. 이것은 현실적인 어려움이 많습니다. 일본의 경우에는 개인들이 살던 집을 기념관으로 운영하며 일정한 날만을 운영해도 정부가 모두 인정해 줍니다. 연간 200일을 채우기 위해 박물관을 매일 개관해 운영하려면 전기세부터 인건비까지 만만치 않습니다. 관람객들이 많이 오는 것도 아닌데, 개별 박물관의 사정에 따라 운영 시간을 조정할 수 있어야 한다고 봅니다. 현실에 맞는 박물관 운영을 위해 정부 정책도 유연함이 있었으면 하는 합니다.

박물관정책에 관련된 말씀처럼 박물관의 미래와 관련해 항상 '문화의 종자론'을 말씀하신다고 들었습니다.

마지막으로 박물관 경영자들에게 당부하고자 하는 것은 문화의 종자에 대해서입니다. 앞서 잠깐 언급했지만 이범선 선생 유품은 우리 문학사에 굉장히 중요한 자료입니다. 그러나 가족들이 개별적으로 운영하기에는 비용이 너무 들어 어려움이 큽니다. 아마도 우리 법이 일본처럼 융통성이 있었다면, 선생의 자녀가 정부나 자치단체의 지원을 받아 집 한편에 전시 장소를 마련하였을 것입니다. 굳이 삼성출판박물관에 기증해 박물관에서 전시하지 않아도 되었습니다. 박물관에서 전시하는 것보다 더 생생하고 더 의미가 있었을 겁니다. 하지만 우리 현실은 그렇지 못합니다. 이후 세대에서는 바뀌어야 합니다.

어릴 때 기억을 더듬어 보면 실제로 굶어 죽은 사람들이 많았습니다. 그래도 굶어 죽을지언정 종자 항아리는 손대지 않았습니다. 그건 다음 봄에도 씨앗을 뿌려야 한다는 절실함 때문입니다. 아무리 곡식이 적어도 시주 단지와 종자 단지에 절대 손대지 않고 굶어 죽으면서도 안 먹었습니다. 문화도 마찬가지입니다. 아무리 어렵고 힘들다 하더라도 없어질 이범선 선생 같은 유물들을 모아서 특수박물관 등을 계속 조성해야 합니다. 그럼 박물관도 늘고 우리 문화도 더 풍성해질 수 있습니다. 그런 유물들이 바로 문화의 종자입니다.

三省出版博物館

박물관 소개

삼성출판박물관 전경

삼성출판박물관은 우리나라에 처음으로 세워진 출판·인쇄 전문 박물관이다. 세계 최초의 금속활자를 발명, 출판문화를 꽃피운 문화민족으로서의 자긍심을 일깨우고, 이와 관련한 사회교육활동을 펼치자는 목적으로 설립되었다. 1990년에 개관한 이래로 다른 문화유산과 달리 소실되기 쉬운 출판·인쇄문화유산을 발굴, 보관, 전시하는데 많은 노력을 기울이고 있다.

국보 제265호인 '초조본대방광불화엄경(初雕本大方廣佛華嚴經)', 보물인 '남명천화상송증도가(南明泉和尚頌證道歌)', '월인석보(月印釋譜)', '제왕운기(帝王韻紀)' 등 15점의 국보급 전적을 비롯하여 희귀 양장본, 각종 지제품, 고활자, 인쇄기기, 문방사우에 이르기까지 4만여 점 이상을 소장 · 전시하고 있다.

위치: 서울특별시 종로구 비봉길2-2(구기동 126-4)

대표번호: 02-394-6544

관람시간: 오전 10시 - 오후 5시

휴관: 토요일, 일요일, 공휴일

전시와 프로그램

상설전시실

기획전시실

• 대표 전시품

윤장대(輪藏臺), 경상북도 예천 용문사의 윤장대(보물 제684호)를 1/2로 축소·복제.

다양한 인장(印章)들.

언더우드 타자기, 활자 제작 도구, 판짜기 도구, 원통형 능화판 등 인쇄와 관련된 도구들.

勇

우리 문화유산을 지키는 용기

성북동에 있는 우리옛돌박물관을 방문한 관람객들이라면 서울을 한눈에 보는 풍광에 먼저 감탄한다. 그리고 사람 같은 돌을 보게 된다. 수백 년을 버텨 온 문인석에서 느껴지는 장구한 인내에는 절로 고개마저 숙어진다.

'돌은 꾸밈이 없고 사심이 없으며 솔직하고 자연스럽고 뽐내지 않는다.' 천신일 우리옛돌문화재단 이사장의 사무실에 있는 글과도 같다. 1943년 부산 출생인 그가 1974년 제철화학 대표로 시작해 40년 넘게 꾸준히 일궈 온 경영철학과도 같다. 또한, 7개의 관계사가 있는 세중그룹 회장이자 우리옛돌박물관장으로서 우리 문화재 사랑이 남다른 그를 대변하는 글이라는 생각이다.

40년 전, 우연히 들른 인사동 화랑에서 일본으로 문화재가 유출되는 것에 격분한 젊은이는 이제 박물관 이사장이 되었다. 공자는 의로운 일을 용감히 나서서 실행에 옮기는 것을 '견의용위(見義勇爲)'라 하였다. 우리 문화유산의 환수에 누구보다 앞장서 온 천신일 이사장을 잘 나타내는 표현이다.

기업경영에서도 이러한 용기로 성공을 거둔 그가 생각하는 CEO는 "경영자는 일단 아는 게 많아야 합니다. 실천할 줄도 알아야 하고 인재를 중용하고 부릴 줄도 알아야 하죠. 물론 남을 훈육하는 법도 알고 사람과 업무를 평가할 줄도 알아야 합니다." 이처럼 다재다능함을 우선한다.

자신도 문화와 예술, 스포츠에 많은 관심을 두고 실천하였다. 우리옛돌박물관을 비롯하여 문화와 문화재에 대한 꾸준한 관심과 후원, 대한레슬링협회장도 맡아 우리나라 스포츠 발전에도 이바지하였다. 다양한 관심을 가진 경영인으로서 박물관을 보는 그의 시선이 궁금하다.

다양한 수집품을 소장하신 것으로 압니다. 그중에서도 석조유물에 대한 애정이 남다르신 것 같습니다.

수집은 오래전부터 시작하였습니다. 당시만 해도 넉넉지 않아 형편에 맞는 대로 고서화나 도자기를 수집했습니다. 아마 1978년으로 기억합니다. 보통 때처럼 인사동에 나가 종종 찾는 골동품점에 들렀더니 주인이 일본 사람과 흥정을 하고 있었습니다. 그것이 사진첩을 꺼내서 전국에 있는 석조유물을 보여 주는 것이었습니다. 잠시 기다려서 일본 사람이 가고 나자 대뜸 멱살부터 잡았습니다. 그때는 혈기가 넘쳤지요. "야 이놈아! 왜 우리나라 유물을 일본놈에게 파느냐?" 그랬더니 "사장님 왜 이러십니까. 일본사람이 돈 많이 주는 데 팔아야지 그럼 어쩌란 말입니까?"

그래서 멱살을 잡은 죄로 전부 얼마냐고 물었습니다. 전부 27점이었는데 일본 사람과 흥정한 값이 1억 7500만 원이었습니다. 너무 큰 돈이라 주인의 애국심에 호소해서 1억 5000만 원에 27점을 모두 다 샀습니다. 그게 석조유물을 사게 된 첫 번째 동기이자 시작이었습니다.

그렇게 사들인 27점을 정원에 놓고 보니까 아침에 해가 뜰 때 이미지가 다르고, 느낌도 다르고, 비가 오고 나면 완전히 또 다르고, 해 질 때도 다른 모습이 보였습니다. 그렇게 석조유물의 매력에 빠지다 보니 외국 출장에서 들리는 박물관에서도 석조유물만 보게 되었습니다. 하나둘 모은 수집품 중에도 박물관 입구에 있는 금강역사, 자수관 앞에 있는 장군석, 야외에 누워 있는 와불, 호랑이 두 마리 석상이 가장 애착이 갑니다.

일반 유물과는 달리 석조유물은 수집과 보관이 쉽지만은 않은데 그동안 많이 모으신 것에 놀랐습니다.

다른 박물관과 달리 저희와 같은 사립박물관은 신속한 의사결정이 장점이라고 생각합니다. 우리나라의 큰 박물관에서는 석조유물이 나오면 학예전문가들이 감정하고, 위원회를 거쳐서 예산을 심의받고 그렇게 절차가 한 달에서 석 달까지 걸립니다. 하지만 저희는 제가 직접 보고, 어떨 때는 흥정도 하고, 바로 지급을 하니 빠르면 하루 이틀 만에도 결정이 됩니다. 더욱이 취약한 재무구조의 골동품상들은 가격이 낮더라도 현금을 선호해서 지금은 다른 곳에 가기 전에 항상 저에게 의사를 묻고는 합니다. 이렇게 빠른 의사 결정과 현금 지급으로 우리 박물관이 석조유물을 많이 소장한 것 같습니다.

그리고 우리나라 아파트 문화와도 관계가 있습니다. 전 소장자들이 대부분 미술대학교수이시거나 역사학자 등 관련 분야에 계신 분들이 많습니다. 이전에는 대부분 단독주택에 사시다가 아들딸이 출가하면 단출하게 살기 좋은 아파트로 옮겨 가십니다. 그러면 아파트에는 정원에 있던 돌들을 가지고 갈 수 없어 골동품상에 내놓게 됩니다. 골동품상은 저에게 연락이 오고, 그렇게 일반주택에 숨겨진 석조 보물들이 발견되어 지금 박물관에 있게 된 것입니다.

40년 넘게 석조유물을 수집하시다 보면 일반 유물 수집과는 다른 에피소드도 많으실 것 같습니다.

유물을 수집하는 분들이 가장 곤혹스럽게 여기는 일이 도난품을 모르고 구매할 때라고 생각합니다. 이건 박물관도 간혹 겪는 일이라 일반인들도 아실 것입니다. 한번은 대한레슬링협회 회장을 하며 방콕 아시안게임에 참가했을 때였습니다. 새벽에 서울 집에서 다급하게 연락이 왔습니다. 집에 검찰과 경찰청 특수대가 덮쳤다는 것입니다. 누군가의 '도난 석조유물이 천 회장 집에 있다'는 투서를 받고 경찰들이 들이닥쳤습니다.

사연을 알아보니 어느 골동품상의 질투에서 비롯된 일입니다. 그동안 여러 골동품상에서 거래하다가 갑자기 한 곳만 거래하니 다른 사장님들 입장에서는 그런 생각이 들 수도 있겠다 싶었습니다. 그런데 문제는 진짜 도난품이 발견된 것입니다. 어느 절의 주지 스님이 절을 보수 증축하면서 부족한 금액을 마련하고자 부도(浮屠, 승탑) 한 점을 팔았습니다. 그런데 주지 스님은 보통 3-4년을 주기로 바뀌지 않습니까. 새로 주지 스님이 오시자 그 사실을 미처 파악하지 못하고 도난품으로 신고한 것입니다. 나중에 이런 경위가 밝혀져서 오해를 풀었지만, 이후로는 특별히 주의하고 있습니다.

다른 재미난 사례로 이전 용인에 있을 때는 추석이 지나고 나면 이상하게 어르신들이 많이 오십니다. 그리고는 유물들을 아주 유심히 관찰하시고 가십니다. 오신 분께 물어보니 추석 성묘를 지내러 조상의 묘소에 가 보니 석조물이 없어져 찾으러 오셨다고 하십니다. 지금도 평소에는 안 오시는 어르신들이 명절이 지나고 오시는 것을 보면 '석조물을 도난당하셨구나'라고 생각합니다.

우리옛돌박물관은 다른 박물관과 달리 특색이 많습니다. 이런 특색 있는 유물이 수집가의 안목을 느끼게끔 하여 줍니다. 관장님만의 유물 수집 비결은 어떤 것인지요?

문화재를 공부하는 곳은 여러 대학이 있지만, 석조유물을 전공한 사람들이 그리 많지 않습니다. 처음 유물을 수집할 때, 어떤 전문가에게 "백자 보는 법을 좀 가르쳐 달라"고 했습니다. 그랬더니 "백자를 책상 위에 놓고 계속 보고 있으면 눈이 떠진다"고 알려 주었습니다. 마찬가지라고 봅니다. 석조유물을 나름대로 계속 보고 있으니까 돌을 보는 눈이 뜨였습니다. 이를 두고 석조유물 전문가들은 '돌이 껍질을 벗는다'고 합니다. 유물전문가 중에서도 석조전문가는 석조 조형물을 아주 많이 다뤄 본 사람만이 할 수 있습니다. 돌의 표면을 만져 보고, 현미경으로 보고, 돋보기로 보면서 마치 돌 껍질 벗기는 것처럼 다루어 보아야 알 수 있습니다.

그리고 조심해야 할 것은 석조유물을 비롯한 유물을 거래하는 골동품상 중에는 아주 지능적으로 장사하고 사기 거래를 하는 사람이 있습니다. 중국은 우리나라 가격과 비교하여 터무니없이 싼 가격에 석조유물이 나오기도 합니다. 이 중에는 구덩이에 3-4년간 묻어 놓고 1년간 비바람을 맞쳐서 석조유물로 둔갑한 것도 있습니다. 이런 중국 가짜유물이 한국에도 많이 들어왔습니다. 그래서 어떤 경우라도 석조유물을 살 때는 골동품상 허가가 있는 사람에게서 사야 합니다. 골동품상 허가 있는 사람은 비싸고, 가짜와 도난품은 값이 쌉니다. 더욱이 도난품을 구매하게 되면 장물 취득 처벌을 받게 됩니다. 허가된 골동품상은 도난이나 가짜를 선별하여 거래하기도 하지만 구매자의 법적 피해도 없습니다. 경험으로 보면 싼값은 나중에 큰 어려움에 부닥칠 수 있습니다.

말씀하신 석조유물 수집처럼 박물관 건립과 운영도 어려움이 많으셨을 것이라 짐작됩니다.

박물관을 하리라고는 꿈에도 생각을 한번도 해 본 적이 없습니다. 이전까지는 석조유물도 다른 수집품과 같이 생각했습니다. 그런데 1997년 이화여대박물관에서 열린 〈우리 옛돌 조각의 힘〉 전시회를 본 것이 기회가 되었습니다. 전시회에 나온 석조유물과 소장품을 비교하면서 호기심이 들었습니다. 그래서 당시 이화여대박물관장이

었던 김홍남 전 국립중앙박물관장을 만났습니다. 수집한 석조유물을 보시고는 "이 많은 석조유물을 혼자서 가지고 있으면 극단적으로 말해 당신은 나쁜 사람입니다. 그러니 이것을 가지고 꼭 박물관을 설립하세요. 천 회장은 비즈니스맨이니까 박물관 설립하는 것은 이대박물관에서 전부 지원하겠습니다"라는 제의를 하셨습니다.

그때부터 용인에 구매한 땅에 대지 디자인부터 시작해서 석물 배치하는 것까지 전부 이화여대박물관 학예연구원들, 학예실 나선화 실장, 그리고 김홍남 관장께서 앞장서서 도와주셨습니다. 박물관에 대해 잘 모르던 때라 적극적으로 진행과정을 보러 다녔습니다. 과정을 보니까 유물 설치에 앞서 큰 스티로폼이나 나무로 석조유물의 모형을 만들어 먼저 위치선정을 하더군요. 전체 부지의 형태에 맞춰 이걸 꽂아 보고 저걸 꽂아 보고 이렇게 해서 전체 그림을 완성해 가는 것을 배웠습니다. 아마도 이화여대박물관의 도움 없었으면 지금의 박물관을 하기 어려웠을 겁니다. 그렇게 해서 2000년 7월 1일 용인에 운영하던 회사 이름을 따서 '세중옛돌박물관'을 개관하게 됩니다.

처음에는 국내 유일의 석조유물 박물관이라는 특색 때문에 많은 관심도 받고 관람객도 많았습니다. 그런데 용인이라는 지역 특성상 접근성이 많이 떨어집니다. 그래서 이전 계획해 둔 성북동으로 이전을 결심했습니다. 원래 개인 소유의 부지였지만 박물관이 이전하며 문화재단으로 모두 기부했습니다. 현재는 문화재단의 이사장 자격으로 박물관장을 겸하고 있지만, 박물관을 개인 소유라고 생각지 않습니다. 그래서 성북동으로 오면서 박물관 이름도 '우리옛돌박물관'이라고 바꾸었습니다. 그리고 영문으로는 우리라는 것을 우리나라(Korea)로 생각해서 박물관 영문이 Korean Stone Art Museum입니다.

전시관 중 '환수유물관'이라는 이름이 인상 깊었습니다. 사립박물관 최초로 일본에 있는 석조유물을 환수한 사건으로 언론에 많은 관심을 받으셨지요?

용인에 세중옛돌박물관을 개관했을 때, 우리나라 신문은 물론 일본 신문에도 보도되었습니다. 그러자 기사를 보고 구사카 마모루라는 일본 분이 연락을 해 왔습니다. 자신이 모은 한국 석조유물을 팔겠다는 제의였습니다. 일본 나고야의 농장으로 직접 찾아갔습니다. 그런데 가격이 한국 가격의 5배라 고민이 많았습니다. 그래서 먼저 한국으로 초청했습니다. 우리 박물관도 안내하고, 앓고 계시는 약간의 중풍(뇌졸중)을 위해 한의원도 소개하고, 김치를 좋아하는 부부를 위해 일본으로 계속 김치도 보내며 가격을 설득하였습니다.

결국, 기나긴 설득 끝에 2001년 구사카 씨로부터 유물을 인도받았습니다. "딸을 시집보내는 것처럼 반은 슬프고 반은 기쁘다. 그런데 고향으로 돌아가는 모습을 보니 웃고 있지 않은가"라며 마지막 인사를 하시던 기억이 납니다. 판매대금은 전체 70점 중 20점은 한국 가격으로 지급하고 나머지는 기증의 형식으로 한 것이 언론에도 소개되었습니다.

앞서 말씀드린 것처럼 석조유물은 이동도 쉽지 않습니다. 문인석 같은 경우에는 목 부분이 제일 취약해서 조금만 잘못하면 부러지기 쉽습니다. 포장을 철저히 했습니다. 유물 전부에 전용 나무박스를 만들고, 나무박스 밑에 스티로폼을 넣고, 목 있는 부분은 다시 감싸고 이렇게 70개의 상자가 제일 큰 컨테이너(40피트 컨테이너) 3대에 실려 왔습니다.

우리 박물관의 석조유물 환수가 알려지자 일본에서 있었던 환수 행사가 주목을 많이 받았습니다. 국내의 국립민속박물관장, 각 대학 박물관장, 언론사 논설위원들 70명이 참석하고 일본 NHK가 위성생중계를 했습니다. 이런 과정을 겪으며 어렵사리 들여온 유물은 국립민속박물관에 4점을 기증하고, 여기 성북동 박물관에 지금 47점이 와 있습니다. 나머지는 용인의 수장고(옛 세중옛돌박물관)에 보관했습니다.

일본의 사례만 보더라도 해외에 우리나라 석조유물이 많다고 들었습니다. 외국으로 유출된 우리나라 석조유물 가운데 꼭 환수하고자 하는 유물이 있는지요?

일본에 가면 일본사람들이 우리나라 석조유물을 아주 많이 가지

고 있는 모습을 보게 됩니다. 도쿄국립박물관, 교토국립박물관 등 박물관을 비롯하여 여러 곳에 우리나라 석조유물들이 많이 있습니다. 가정집에도 있을 정도지요. 교토국립박물관에 가면 '동쪽의 정원(東の庭)'이라 해서 우리나라 석조유물을 동쪽에 전시하고 있습니다. 그 정원에 세워진 팔각정에는 우리나라 망주석 8개가 기둥으로 쓰였습니다. 그런 것을 보고 일본에서 시위까지 생각한 적이 있습니다. 정말 울화통이 터질 지경입니다.

현재 환수 작업을 진행하는 것은 일본 도쿄 오쿠라박물관 뒤편에 있는 5층 석탑 2개입니다. 우리나라 모든 유물을 제일 많이 가져간 일본인으로 오쿠라 씨가 유명합니다. 오쿠라박물관은 오쿠라호텔에서 만든 재단에서 운영하고 있습니다. 여기에는 다른 문인석도 있고 동자석도 다 있지만 중요한 것은 5층 석탑입니다. 하나는 이천에서 간 것이고 하나는 평양에서 간 것입니다. 국내에 들어오면 충분히 국보급은 되리라 보고 있습니다. 오쿠라재단과는 환수와 관련해서 10년 전부터 꾸준히 접촉을 해 왔습니다. 그리고 생각한 방법이 우리 박물관 유물과의 교차 전시입니다.

석조유물 등 문화재는 전시목적 외에는 정부의 허가가 있어야만 해외거래가 가능합니다. 그래서 박물관의 석조유물 8점과 교차 전시를 하기로 오쿠라박물관과 합의하였습니다. 우리 정부에서는 승인이 난 상태이지만 일본 문부성에서 한일관계가 안 좋은 상태라 미루고 있습니다. 그러던 중, 국내 스님들이 북한 평양에 있는 스님들로부터 위임장을 받아 도쿄지방법원에 돌려 달라는 소송을 냈습니다. 오쿠라호텔에 가서 플래카드로 시위도 했습니다. 또 이천 시민들은 10만 명이 서명한 것을 보내기도 했습니다. 이런 식의 환수는 일을 어렵게 할 수도 있습니다. 그간의 경험으로 보면 정당한 절차와 진심 있는 설득이 더 좋다고 생각합니다.

최근 오쿠라박물관에서 "한국으로 5층 석탑을 돌려주면 당신은 어떻게 하겠느냐?"고 문의가 왔습니다. 그래서 "일단 두 점 다 가져와서 서울 우리옛돌박물관에서 전시를 하고 3년 후 또는 5년 후에 이천 것은 이천시에 돌려주고 북한 것은 우리가 가지고 있겠다"고 답변을 주었습니다. 그쪽도 상당히 좋은 안이라고 하며, 기증자 설명에 한국 선린상고 설립자를 넣어 주기를 요구했습니다. 아실지도 모르지만 오쿠라재단 설립자가 서울의 선린상고 설립자라고 합니다.

해외 문화재 환수를 위해 노력하시는 숨은 공로자라는 생각입니다. 박물관 경영자로서 우리옛돌박물관의 미래는 어떻게 만들 계획이신지요?

자랑 같지만 여러 국내외 박물관에 석조유물을 많이 기증했습니다. 박물관을 설립할 때 많이 도와준 이화여대 박물관에 20점(문인석 14점, 동자석 6점), 국립민속박물관에 24점(문인석 16점, 동자석 4점, 벅수 4점)

을 기증했습니다. 외국으로는 미국 스미스소니언 자연사박물관에 10년간 장기 임대를 주었다가 이번에 돌려받았습니다. 또 일본에는 기증 외에도 와세다 대학에 8점(문인석 4점, 동자석 2점, 벅수 2점)을 장기 임대하였습니다. 이렇게 우리나라 석조유물을 국내외에 임대하고 기증함으로써 석조유물을 많이 알릴 수 있는 계기가 되리라 생각합니다. 앞으로도 계속해서 외국으로 유출된 석조유물을 환수할 것입니다. 그리고 아직 석조유물을 체계적으로 공부하는 분들이 적기 때문에 함께 합동으로 연구할 수 있는 장소를 제공하고 싶습니다. 연구에 어려움이 있다면 도움도 드리고, 그렇게 박물관을 운영하려 노력하고 있습니다.

마지막으로 후배들에게 남기고 싶은 메시지는 주어진 일에 최선을 다하고 열심히 하라는 것입니다. 요행을 바라지 말고 큰일, 작은 일 가릴 것 없이 최선을 다하는 삶이 자신에게 도움이 된다는 것을 전하고 싶습니다.

박물관 소개

우리옛돌박물관 전경

2000년 경기도 용인에 개관한 국내 최초의 석조유물 전문박물관인 '세중옛돌박물관'에서 출발하여 석조유물, 자수, 근현대미술작품에 이르는 다양한 유물을 소개하고 있다. 2015년 북악산과 한양도성 사이에 자리한 성북동 언덕에 '우리옛돌박물관'으로 재개관하여, 전체 부지면적 5,500평과 건물 연면적 1,000평 규모의 공간에 석조유물 1,250점, 자수작품 280여 점, 근현대회화 100여 점을 전시하고 있다.

우리옛돌박물관은 국내외로 흩어져 있던 한국 석조유물을 한자리에 모아 건립한 석조 전문 박물관이다. 박물관에는 일본으로부터 환수한 문화재를 전시한 환수유물관부터 문인석, 장군석, 동자석, 벅수, 석탑, 불상 등 다양한 돌조각을 전시하고 있다. 석조유물뿐만 아니라, 규방문화의 결정체인 전통 자수작품과 한국을 대표하는 근현대작가의 회화작품도 함께 전시하며 다양한 볼거리를 제공하고 있어 전통과 현대가 공존하는 공간이기도 하다.

위치: 서울특별시 성북구 대사관로 13길 66 (성북동 330-605)

대표번호: 02-986-1001

※ 전시설명은 선착순 30명 마감으로 하절기에는 오전 11시, 오후 2시, 3시 하루에 3번, 동절기에는 오전 11시, 오후 2시 하루 2번 진행된다.

전시와 프로그램

• 전시장 소개

환수유물관

동자관

벽수관

자수관

기획전시관

돌의 정원

• 박물관 프로그램 소개

어린이를 위한 꿈다락 토요문화학교 〈해피벅수데이〉, 폼클레이 가면 만들기, 행운테라코타 만들기, 박물관 캐릭터 가면 만들기 체험 등과 청소년을 위한 길 위의 인문학 〈땅판소년단 II -옛돌닥터스〉, 캐릭터와 함께 떠나는 우리옛돌박물관 여행 - 트래블북 만들기, 달리면서 배우는 우리 옛돌 '런닝스톤' 등이 있으며, 성인 프로그램으로 문화가 있는 날 머그꽃 만들기가 있다.

恭

언제나 정성이 가득한 손길

한옥을 방문하면 항상 집이 주는 공손함에 반가움이 앞선다. 주인이 자기 집에 들어서도 마찬가지다. 삐걱거리며 방문자를 알리는 솟을대문을 지나 맞이하는 아늑한 마당이 그렇고, 반듯한 디딤돌에 올라 편히 걸친 대청마루가 그렇다. 거기에 손때가 묻어 번들거리는 기둥과 가구가 묵묵한 사람처럼 정겹다. 이런 편안함을 주는 한옥 10채가 서울 성북동에 한국가구박물관으로 자리하고 있다. 손길이 듬뿍 담긴 고가구들이 주인의 마음처럼 관람객을 공손히 맞이한다.

"저는 일반적인 수집가처럼 가구를 모으지는 않았습니다." 수집가보다는 문화기획자로 불러 주기를 바라는 정미숙 관장의 한옥과 전통가구에 대한 마음은 나이테처럼 깊다. 40여 년 동안 모은 이천여 점의 유물, 15년간 허물어진 한옥에서 모은 목재와 기와들, 이렇게 모여진 것들이 2,500여 평 한국가구박물관에 재구성되었다.

오래된 물건이 주는 깊이가 한국가구박물관처럼 많이 느껴지는 곳이 드뭅니다. 유물 수집도 자연스럽게 시작하셨다고 들었습니다.

어렸을 때 침대를 빼고 집에 있었던 물건은 모두가 헌 물건, 헌 가구였는데, 지금은 그것들이 전부 골동품이 되었습니다. 이런 친정의 헌 물건이 가구박물관의 시작이 된 듯합니다. 제가 한국가구에 마음을 두게 된 계기는 1965년 고등학교 시절, 미국 기독교 교환학생으로 갔을 때였습니다. 1주일에 한 번 그 지역의 초등학교 가서 '한국, 너희 나라는 어떻게 사니?'라는 제목으로 우리나라의 의식주 생활에 관해 이야기해야 했어요.

당시는 불과 10여 년 전에 한국 전쟁을 겪어 미국 학생들은 폐허가 된 서울, 피난민들만을 사진으로 보았을 것입니다. 그리고 저는 역사 시간에 배웠던 내용만 말할 수 있었습니다. 당시에는 제가 우리 문화에 대해 잘 알지 못했던 거죠. 1년 후 한국으로 돌아온 후부터는 틈만 나면 골동품 가게를 다니며 이것저것 물어가며 배우게 된 것이 취미가 되었고, 지금 이 박물관이 된 셈입니다.

실제로 박물관을 하게 된 것은 1986년도 심장병을 심하게 앓으면

서입니다. 부정맥으로 병원에서는 3년 정도밖에 못 산다고 선고를 받았습니다. 그래서 이 물건들을 정리해야겠다는 생각을 하게 되었죠. 이것을 시에다 기증할까, 아니면 대학에다 주고 갈까 고민했습니다. 그때 친정집에 모두 모아 둔 물건들을 보시고 시아버님이 박물관을 약속해 주셨습니다.

한옥은 직접 살아서인지 애정이 많습니다. 처음에는 지금 박물관 대지에 두 채를 옮겨 지었습니다. 한옥이 또 오니까 옆에 짓고, 또 오니까 짓고, 또 짓고 처음에는 2년이면 끝날 줄 알았는데 3년, 5년을 넘기면서 죽기 전에 못 끝낼 거 같아 조바심이 났습니다. 그렇게 짓다 보니 10년이 되고 지금은 30년이 다 되어 갑니다. 3년밖에 못 산다는 제가 박물관을 지으며 지금까지 살도록 하나님이 허락하신 것 같습니다.

이렇게 한옥을 지으며 하나님에게 졸랐습니다. '조금만 천천히 데려가시면 주신 재능을 박물관에 모두 바쳐 놓고 가겠습니다.' 그리고 다짐을 했습니다. '외국 사람이나 한국 사람이 찾아왔을 때 한국의 주거 생활 문화를 한눈에 볼 수 있는 박물관으로 만들자!' 박물관이지만 박물관 같지 않고 마치 개인 가옥처럼 만들겠다고 생각했습니다. 물론 그 안에 가구의 역사는 보여 줄 수 있어야 하고요. 외국에 가면 오래된 도시의 맨션이나 샤토(Château, 프랑스어로 성이나 대저택)들이 살았던 모습을 그대로 보여줍니다. 예를 들어 식탁 위에 그릇과 꽃까지 전시를 하고 있습니다.

또 다른 이유는 친정 아버님과 어머님이 남긴 유언도 박물관을 만드는 결심에 도움을 주었습니다. 제게 남기신 것은 '먹고살 만하면 아이들 교육 잘하고, 남는 돈이 있으면 아이들 여행을 많이 시켜라. 그게 대학 하나를 가는 것과 같더라. 남으면 사회에 보람있는 일을 하여라' 입니다. 그래서 돌아가시기 전 박물관 공사를 보시고 기뻐하시며 이거 꼭 해야 한다고 당부하셨죠. 보시기에 사회에 보람있는 일 중의 하나로 박물관을 생각하셨던 것 같습니다. 그렇게 박물관을 하게 되었습니다.

지금 제가 병과 죽음을 이겨 낸 것을 주변에서는 기적 같다고도 말씀해 주십니다. 박물관을 번듯한 재단도, 회사도 없이 만든 것도 기적이라고 생각합니다.

한옥을 짓고 관리하자면 노력도 많이 하셨을 것 같습니다. 박물관 건립을 본격적으로 시작하시면서는 어떠셨는지요?

1995년 추석을 막 지나고 시작했습니다. 첫 번째로 지은 한국가구박물관 궁채는 이전 창경원(창경궁)에서 판 것을 시댁에서 사서 결혼할 때 주신 것입니다. ㄴ자 형태이고 65평 정도 규모인 이 집에서 신혼을 시작하였을 때는 겨울에 너무 추웠습니다. 자릿물이 얼 정도로요. 이 방에서 건너편 방을 갈 때는 코트를 입고 뛰어가야 할 정도로 추웠습니다. 마루에 히터가 있어도 그렇게 추웠습니다. 그래서 지금의 이 터로 가져올 때는 한옥의 구조 안에 중앙 냉난방 시스템을 다 넣었습니다.

당시에는 도시재개발로 한옥을 많이 허물었습니다. 그렇게 허문 한옥의 목재와 기와 등을 대략 50채 정도 가져와 재구성했습니다. 10채의 한옥을 한 해에 한 채씩 10년이 걸렸습니다. 그때 한옥이 1년 작업이라는 것을 알았습니다. 늦봄에 집의 뼈대가 되는 기둥을 먼저 세웁니다. 이게 레고랑 비슷해서, 기둥 하나하나를 다 다듬고 번호를 매겼다가 세우는 건 1주일 만에 따닥따닥 맞추는 겁니다. 즉 주변에 천막을 지어 놓고 그 안에서 다듬는 작업을 끝내서 4월 말-5월 초까지 다 세웁니다. 거기에 창틀하고, 서까래 올리고, 기와 올리는 작업을 장마 전까지 합니다. 한여름은 쉬다가 8월 지나면 그때부터 문살하고 내부공사를 11월까지 합니다.

처음 한옥을 지을 때 목수들이 도면도 없이 하는 것을 보고 놀랐습니다. 베니어판에 기둥 표시를 하고 자로 몇 자 간격을 그린 것이 도면 전부였습니다. 미국에서 인테리어 디자인을 공부하고 온 저에게는 낯선 광경이었죠, 그래서 직접 설계를 했습니다. 그러다 보니 지금까지 한옥 50채의 도면 작업을 했습니다. 그런 이유로 건축가 안도 다다오의 동국제강 골프장, 게스트하우스 조성에도 참여하고, 한국건축가협회에 명예이사로도 위촉되었고, 아천건축상도 수상하게 되었습니다.

저는 그저 옛날 분이 지은 것을 열심히 들여다보고, 있는 것 그대로 가지고 온 것뿐입니다. 박물관의 전시품들도 개인 취향이나 특별한 기호 없이 옛날에 있었던 아름다움 그대로 전시합니다. 절대로 그 원형을 변형시키지 않습니다. 한옥을 지을 때도 더 멋있게 하려면 지붕도 좀 더 높이고, 기둥과 기둥 사이도 더 넓히자고 하지만 저는 절대 그렇게 하지 않았습니다. 그 안에 우리만이 가지고 있는 고유한 비례가 있어서입니다.

우리 문화를 사랑하시는 모습을 보면 연구자라는 표현이 더 적절할 것 같습니다. 그리고 한국가구박물관은 전시 방식도 독특해 보입니다.

처음에는 연구소로 출발했습니다. 1984년에는 인테리어 디자인 쪽에 사람이 없어서 대학들이 서로 스카우트 제의를 했습니다. 여러 대학에 강의하면서 느낀 것은 모두 외국의 인테리어 디자인만 있고 한국 실내 장식사는 없는 것이었습니다. 학생들에게 '우리 한국 것도 참 멋지다'고 하면 다들 이해를 못 했습니다. 그래서 '이러면 안 되겠다, 우리 것을 보여 주어야겠다'는 결심으로 1986년도에 연구소를 열었습니다. 시작은 수집이 아니라 교육이 목적이었습니다. 인테리어 디자인을 공부하는 학생이 꼭 여기를 와서 보고 가면 세계적인 디자이너로서 발돋움할 수 있게끔 하고 싶었습니다.

말씀드린 것처럼 박물관에 있는 소장품의 80%는 처녀 때 모아 놓은 겁니다. 나머지는 학생들을 가르치기 위해 가지고 있지 않은 부분을 보충하는 식으로 추가 수집했습니다. 그 분류에 따라 지금 가구박물관에서도 전시하고 있습니다. 그런데 처음에는 관람객들이 만져서 파손될까 염려되어 '어떻게 해야 사람 손이 안 닿게 할 수 있을까?'로 고민했습니다. 유리관에 넣는 것도 생각해 보고 감지장치도 생각해 보았습니다. 그러다 프랑스를 중심으로 견학을 가서 한 달 동안 파리를 보고, 보르도까지 가서 성과 대저택들을 둘러봤지만, 거기는 그런 장치나 유리관은 없었습니다.

우리 박물관은 다른 곳과 다르게 관람 예약을 하시면 해설자가 같이 다닙니다. 전시실도 한 방씩 직접 설명하면서 한 분, 한 분이 꼭 가슴에 감동으로 담아갈 수 있기를 바라며 보여 드립니다. 그리고 다른 유물과 달리 가구는 정확한 연대를 파악하기가 힘들어서 종류별, 용도별, 출처별로 분류하여 전시한 것입니다.

말씀처럼 전시실이 독특해서인지 전시된 가구도 특별해 보입니다.

상설전시관에서 첫 번째 보여 주는 전시가 먹감나무로 만든 가구입니다. 먹감나무는 진짜 아름다운 나무입니다. 특별전을 하면 제일 멋쟁이 중에 하나로 꼽습니다. 우리 선조들의 미의식이 그렇게 대단했습니다. 그래서 멋쟁이 남자가 그렇게 많았던 것을 알 수 있습니다. 근데 요즘엔 그 멋쟁이 남자들이 사라졌지요. 그건 우리의 교육 때문에, 수능점수 때문에 한국의 창조적인 미감이 없어진 것이 안타깝습니다. 목감나무 가구는 남자를 위한 맞춤 가구로 무늬를 보면 산수화로도 보이고, 호랑이 가죽으로도 보이고, 수석처럼 보일 수도 있습니다. 선조들이 대단한 점은 감나무가 병들어 검게 변한 부분의 나뭇결을 써서 이런 장식재로 활용했다는 점입니다.

가구의 단면을 보시면 얼마나 얇게 펴서 만들었는지 마치 베니어판 같습니다. 한 판으로 조각 8개를 내어 서랍용으로 만들었는데 더 놀라운 점은 가구의 판재에다 작품을 했던 겁니다. 그러니까 한국이 일본, 중국과 다른 점은 가구를 상품이 아니라 작품으로 생각했다는 것입니다. 그리고 가만히 들여다보면 가구마다 비례가 참 아름답습니다. 자기 집 창틀 높이로 문갑을 짜고, 문짝 넓이로 탁자를 하고 이렇게 자기 집에 맞게 만들었습니다. 조선시대 남자 분들은 집과 가구를 함께 읽고 가구로 작품을 했던 겁니다.

다른 가구로 단풍나무로 만든 장은 희끗희끗하고 특유의 결이 있어서 아름답습니다. 주로 안방에 이층장, 삼층장으로 만들었는데, 저 위에 올려놓는 것이 많아 장 위쪽이 든든하게 고안되어 있습니다. 그리고 휘가시나무로 만든 이층 농은 열리는 방식이 여닫이와 미닫이를 다 가지고 있다는 점이 특별합니다. 저고리를 접어서 보관하면 꺼내서 다시 다림질로 펴 줘야 하는 불편함이 있습니다. 그런데 미닫이와 여닫이를 다 열어 쫙 편 저고리를 소매만 접어 보관할 수 있으니 얼마나 편리합니까.

종이로 만든 가구도 있습니다. 한지를 오려서 문양을 넣은 건데 다른 것과 달리 여자들이 만든 것도 있습니다. 마르코 폴로도 『동방견문록』에서 '한국은 종이의 나라다' 했다고 합니다. 우리 종이가 얼마나 좋은지 벽이 됐다가, 바닥이 됐다가, 유리창이 됐다가, 우산이 됐다가, 옷이 됐다가, 가구도 됩니다. 그런 면모를 보여 줄 수 있는 '종이 박물관'도 서울에 꼭 있어야 합니다.

오동나무로 만든 책함은 비례와 균형미로 외국의 디자이너들도 감탄합니다. 가볍고, 벌레도 방지하고 책만이 아니라 옷도 넣어 보관했습니다. 지금 일반 집에서 실내장식으로 쓰는 박스함처럼 다양한 형태로도 구성할 수 있습니다. 주로 서원에서 썼는데 이걸 보면 우리의 북 셸브(Book Shelves)라는 개념이 얼마나 멋진지요. 마찬가지로 선비들이 책을 보거나 글씨를 쓰던 서안들도 다양했습니다. 서안의 다리를 보면 어떤 선이 연상됩니다. 발레리나의 발같이 아름답게 쓰임에 맞춰서 만들었습니다. 조선이 학문이 깊었던 나라니까 서안도 이렇게 다양합니다.

외국 사람들이 "너희 가구사의 제일 기본이 되는 가구가 뭐냐?" 물으면 "함이다. 우린 시집갈 때, 함에다 '함 사세요'라고 쓰고 시작한다. 그래서 웨딩박스가 제일 기본이다." 옛날 아버지들은 딸이 태어나면 오동나무를 심고, 시집갈 때 함도 만들고 가구도 만들어 보냈습니다. 그리고 오동나무는 아주 무겁게 보이지만 정말 가볍습니다. 오동나무로 만든 가구 안에는 책을 넣어도 벌레가 안 먹고, 옷을 넣어도 벌레가 안 먹습니다.

개인적으로 가장 좋아하는 가구는 뒤주입니다. 가구박물관의 로고도 뒤주에요. 가구 모서리를 서로 물리게 엮은 사개물림을 사용해서 더 좋아합니다. 이전에 뒤주는 그 집의 연도와 같았습니다. 주로 소나무, 잣나무에 기름을 먹여 만들어 수명이 매우 길고 식량이 담긴 까닭도 있지만, 사람이 죽으면 유일하게 못 태운 것이 뒤주입니다. 지금 남아 있는 것들은 몇백 년을 대물림해서 쓴 것들입니다. 그런데 1960년대 후반에서 70년대 초반, 부엌이 양식으로 바뀔 무렵에는 찬탁이나 뒤주는 버리는 물건이 돼 버렸습니다.

마찬가지로 사당에서 사용하는 제사상도 오래되고 절대로 버리지 않습니다. 제사상들은 접었다 폈다 할 수 있는데 20-30개를 한꺼번에 펴 놓고 제사를 올리는 모습이 멋집니다. 이렇게 우리가 가지고 있는 아름다움이 많습니다. 우리 후손은 선조가 만들어 놓은 것을 현대적으로 해석을 잘 해 줘야 할 의무가 있습니다.

박물관 운영 이외에도 많은 사회활동을 하시는 것으로 알고 있습니다. '가회동(북촌) 살리기 운동'과 '한옥 아끼기 모임' 그리고 '성북문화지구'까지 다양합니다.

철거되는 한옥을 박물관으로 재활용하다 보니 집만 사오지 말고 한옥을 그대로 보존할 골목 하나를 살려야겠다는 마음이 생겼습니다. 서울은 북촌에 한옥이 많이 보존되어 있었는데 선후배들을 설득해서 한옥 한 채씩 사들이도록 한 것이 '가회동 살리기 운동'의 시작입니다. 가회동 31번지에 제가 한옥 도면을 그려 주면 우리 박물관 공사팀이 가서 한옥을 지어 주어 그곳이 오늘날의 가회동 한옥 골목, 한옥마을의 시초가 되었습니다.

성북동은 유네스코 세계문화유산인 정릉에서부터 한양도성 성곽까지 역사문화가 많은 곳입니다. 성락원, 선잠단지 등 살려 내야 할 곳이 참 많습니다. 더욱이 성북동에는 40개의 외국대사관저를 포함해 외국인 300가구가 거주합니다. 주한 외교사절, 기업체 주재원 등이 보통 3년 정도 거주합니다. 그 3년이 우리 한국의 의식주 문화를 이해할 수 있는 시기인데, 이분들에게 물어보면 한국의 개인 집에는 못 가 보았다고 합니다. 경주나 제주도 등 이름난 곳은 다녀 봤지만, 우리 의식주 생활을 볼 수 있는 곳은 못 가 본 사람들이 대부분입니다.

몇 년 전 한 외국 대사를 가구박물관에 초대하자 머뭇거리며 "나는 여러 나라 대사를 하면서 동양의 여러 곳을 가 보았다. 일본과 중

한국가구박물관 뒤주 전시.

국은 잘 아는데, 중국과 일본과 한국의 다른 점을 얘기하면 가겠다"며 사양의 말씀을 하셨습니다. 그래서 차 한 잔만 할 시간이어도 좋으니 꼭 오시라고 하였습니다. 여러 이야기보다는 한 번 보는 것이 중요하단 생각이었습니다. 오셔서 대문을 지나 박물관 궁채 응접실에 앉으며 하시는 첫말이 "죄송합니다. 정식으로 박물관을 보여 주십시오." 이처럼 잠시 본 한옥에도 매력을 느끼는데 직접 생활하고 경험하면 더 좋아했을 것입니다.

먼저 시각적으로 보여 주고 자발적으로 체험하게 하는 것이 중요합니다. 외국인이 와서 보기에 아주 매력적으로 꾸며 주고, 그것을 연결해 주는 길은 걷고 싶은 거리가 되도록 만들어야 합니다. 우리가 여행 가서 보는 파리, 교토 거리에는 오랜 역사가 남긴 건축, 길, 상점과 이야기들로 가득합니다. 우선 보기에 매우 매력적이고 아름답습니다. 성북동이 세계적으로 되기 위해서는 길거리가 살아나야 합니다. 걷고 싶은 거리가 될 정도로 아름다워야 하고, 이야기와 역사가 풍성하고, 먹고 싶고 사고 싶은 것이 많아야 합니다. 그래서 한국가구박물관, 선잠단지, 삼청각까지 서울시가 성북동을 역사문화지구로 지정하는 데 노력을 많이 했습니다.

마치 성북동 전체를 박물관으로 만드시겠다는 것 같습니다. 유기박물관, 옹기박물관, 은기박물관, 칠기박물관도 짓고 싶어 하신다고 들었습니다.

1980년 중반 서울에서 유기박물관을 하고 계셨던 동방공예사가 있었는데 유기를 좋아해서 제가 자주 가던 곳입니다. 그런 저를 유심히 보시던 유기박물관 설립자께서 "꼭 유기박물관을 해 달라"고 하시면서 어느 정도 가격을 치르고 가져가라고 하셨습니다. 설립자께서 돌아가시고 1995년에도 다시 찾아갔는데 유품을 정리하시던 설립자 아드님이 "마저 남아 있는 것도 다 사 가시라"고 해서 그 아드님이 원하시는 방식으로 비용을 치르고 다 가져왔습니다. 그런 약속으로 유기박물관을 마음에 두고 있습니다.

비슷한 사연으로 옹기도 박물관을 할 수 있는 만큼의 소장품을 갖고 있습니다. 그래서 옹기 박물관도 꼭 만들어야겠다는 생각입니다. 제 꿈은 성북동에 주생활박물관이 들어오게 하는 것입니다. 그리고 유기, 은기, 옹기, (나전)칠기, 민화, 한지 공예 등으로 넓혀 가는 것입니다.

그렇게 성북동을 살려 나가고 싶습니다. 박물관과 함께 상점과 체험 한옥들이 들어서면 성북동에 있는 40개의 대사관저에서 한국의 설날에는 뭘 먹고 입었을까? 한식날은 어떻게 지내지? 궁금하면 주생활박물관을 가보고, 한옥에서 주거와 식생활 문화도 체험할 것입니다. 그분들이 자국으로 돌아가서는 "한국은 중국하고 일본하고 비교할 게 아니야, 한국은 아주 특별한 것을 가지고 있어. 꼭 가서 봐야 해!" 하면서 한국문화의 열렬한 홍보대사가 된다고 생각합니다.

여러 활동을 보면 '수집가'보다는 문화 '기획가'이신 것 같습니다. 지금도 아카데미 등의 기획도 직접 하시고 젊은 세대에게 항상 모범을 보이신다고 들었습니다.

외국 사람이 오면 한국가구박물관을 '우리가 살았고 살던 집(We used to live like this)'이라고 소개합니다. 생각해 보세요. 우리가 외국에 가서 모차르트, 슈베르트를 보는 것은 그분들이 살았던 집, 또는 두 달 지냈던 여관을 둘러보는 거고, 거기서 음악도 듣는 겁니다. 즉 집과 거리로 하나의 큰 무대를 만든 겁니다. 하지만 우리는 그 무대를 못 만들고 있습니다. 그래서 성북동에 우리 의식주 문화의 무대를 만들고 싶은 겁니다. 첫날은 이렇게 보고, 둘째 날은 저렇게 보고, 대사들을 비롯해 성북동에 사는 외국인들이 3년을 사는 동안 12번을 보는 무대를 만들고 싶습니다.

'성북서원아카데미'라고 외교사절단을 대상으로 하는 한국문화체험프로그램이 그 시작이었습니다. 한번은 주제를 '정원'으로 정해서 성북동의 성락원을 보여 주었습니다. 성북동 안에서 정릉은 죽은

자의 정원이고 성락원은 산 자의 정원입니다. 그곳에 가서 제기(祭器)도 보여 주고, 제향 모습도 보여 주었습니다. 전통 정원 전문가도 모셔서 스토리텔링을 만들어 이야기도 해 주었습니다. 당시 참석하셨던 외국 대사 부부들은 '와! 한국에는 죽은 자를 위한 정원이 있고 그게 이렇게 아름답구나. 굉장하다'는 반응을 보였습니다.

다음에는 고종, 순종의 황릉을 보여 주었습니다. 그때는 제실을 다 도배도 하고 칠도 하고, 거기서 차도 대접했습니다. 또 순종의 두 번째 부인이셨던 순정효황후의 복식을 천주교박물관이 소장하고 있는데, 그걸 가지고 와서 특별전시도 했습니다. 의식주 문화 세 가지를 같이 보여 주어야 전체를 알 수 있습니다. 그래서 세 가지를 꼭 같이 보여 주려 합니다. 최소한 차라도 대접한다든지, 후식을 드리고 해서 식(食)까지도 늘 함께 경험할 수 있게 말이지요.

우리도 외국여행을 가면 이 세 가지를 그들이 만든 무대에서 경험합니다. 그런데 외국 사람들 눈에는 우리의 볼거리가 없는 겁니다. 우리가 무대를 안 만들었기 때문이지요. 우리나라 박물관들이 살아남는 길은 스스로 수준을 올리는 길밖에 없습니다. 박물관을 하다가 못 살아남으면, 즉 몇 년 하다가 끝나면 다 소용이 없는 일입니다. 우리 박물관을 어떻게 운영해서 유지될 수 있는지는 우리 젊은 팀들의 몫입니다. 저는 배를 만들어 주었는데, 이 배를 가지고 경제적인 개념을 가지고, 수익성을 만들어 가며 어떻게 운항할지는 다음 세대의 몫입니다.

저는 박물관을 하면서 걸레를 놓아 본 적이 없습니다. 그래서 손가락이 하나도 제대로 있지를 못합니다. 그러면서 박물관의 꽃꽂이를 비롯한 꽃장식과 유리를 닦는 것을 지금도 직접 합니다. 왜냐하면 아름답게 살고 있는 '박물관집'이 되었으면 합니다.

끝으로 박물관에서 일하고 싶어 하는 이들에게 하고 싶으신 말씀을 해주시면 감사하겠습니다.

읽어 드리고 싶은 글이 있습니다. 백범 김구 선생님의 「문화국가」란 글입니다. 이 안에 저는 아주 귀한 메시지가 있다고 생각합니다.

> 나는 우리나라가 세계에서 가장 아름다운 나라가 되기를 원한다. 가장 부강한 나라가 되기를 원하는 것은 아니다. 내가 남의 침략에 가슴이 아팠으니, 내 나라가 남을 침략하는 것을 원치 아니한다. 우리의 부는 우리 생활을 풍족히 할 만하고, 우리의 힘은 남의 침략을 막을 만하면 충분하다. 오직 한없이 가지고 싶은 것은 높은 문화의 힘이다. 문화의 힘은 우리 자신을 행복하게 하고, 나아가서 남에게도 행복을 주기 때문이다. 나는 우리나라가 남의 것을 모방하는 나라가 되지 말고, 이러한 높고 새로운 문화의 근원이 되고, 목표가 되고, 모범이 되기를 원한다. 그래서 진정한 세계의 평화가 우리나라에서 우리나라로 말미암아 세계에 실현

되기를 원한다.

이 글이 모든 학생의 책상에 다 붙어 있으면 좋겠습니다. 다가올 시대에는 문화 대통령도 나왔으면 좋겠습니다. 그리고 한국에 한 번도 와 보지 않은 인도의 타고르라는 시인이 21세기에는 한국이 세계의 등불이 될 거라고 했습니다. 저는 이것을 믿습니다. 우리 역사의 300년 주기설이 있습니다. 우리 문화의 문예부흥(르네상스)은 300년 주기로 옵니다. 8세기 신라가 삼국을 통일했고, 12세기 고려청자와 팔만대장경과 금속활자로 상징되는 새로운 부흥을 이루었고, 15세기에 한글 창제와 과학 발전, 악학궤범과 같이 음악의 질서를 회복하는 움직임이 있었습니다. 그리고 18세기 영조와 정조로 이어지는 시기에 대 중흥을 이루었고, 그로부터 300년이 지난 21세기는 또 문예부흥이 온다고 확신하고 기대합니다.

KOREA FURNITURE MUSEUM
한국가구박물관

박물관 소개

한국가구박물관은 조선 후기에 제작된 전통 목가구 재료별(먹감나무, 단풍나무, 오동나무, 느티나무, 소나무, 종이 등), 종류별(사랑방, 안방, 부엌 등), 지역 특성별로 분류 전시하고 있는 특수박물관이다. 약 15년간 궁집, 사대부집, 곳간채와 부엌채 등 한국의 옛 가옥 10채를 옮겨 놓아, 한옥에서 우리 가구의 쓰임새를 볼 수 있으며 실내 장식, 꽃담, 마당 등 자연과 어우러진 우리의 생활 방식을 총체적으로 보여 주는 한국의 생활사 공간이다.
관람객들은 전시된 우리 전통 가구들을 눈으로 볼 뿐 아니라 직접 한옥 안에 앉아 좌식생활에 맞게 제작되었던 전통 가구의 쓰임새를 경험하면서 자연이 집을 품고 집이 가구를 품고 있는 한국의 전통 주(住)생활문화를 직접 체험하며 느낄 수 있다.

위치: 서울특별시 성북구 대사관로 121(성북동)
대표번호: 02-745-0181
※ 한국가구박물관의 모든 관람은 사전 예약제로 운영되며, 도슨트 투어로만 진행한다. 모든 예약은 박물관 홈페이지(www.kofum.com)를 통해 가능하며, 단체(15명 이상)관람이나 인터넷 예약이 어려운 경우는 전화나 이메일(info.kofum@gmail.com)로도 예약할 수 있다.

전시와 프로그램

• 전시 소개

10채의 한옥 상설전시.

전통 가구 상설전시.

사대부 한옥 내부 체험.

특별전시-한국의 전통 공예를 분야별로 특별전시.

• 박물관 프로그램 소개

청소년과 학생을 위한 프로그램으로 한국의 전통주생활 문화 현장 학습 체험 프로그램과 현장직업(도슨트)체험 프로그램, 대학(원)생을 대상으로 한 인턴십 프로그램이 있고, 주한 외교사절단을 위한 한국의 의식주 문화체험 프로그램인 성북서원 등이 있다.

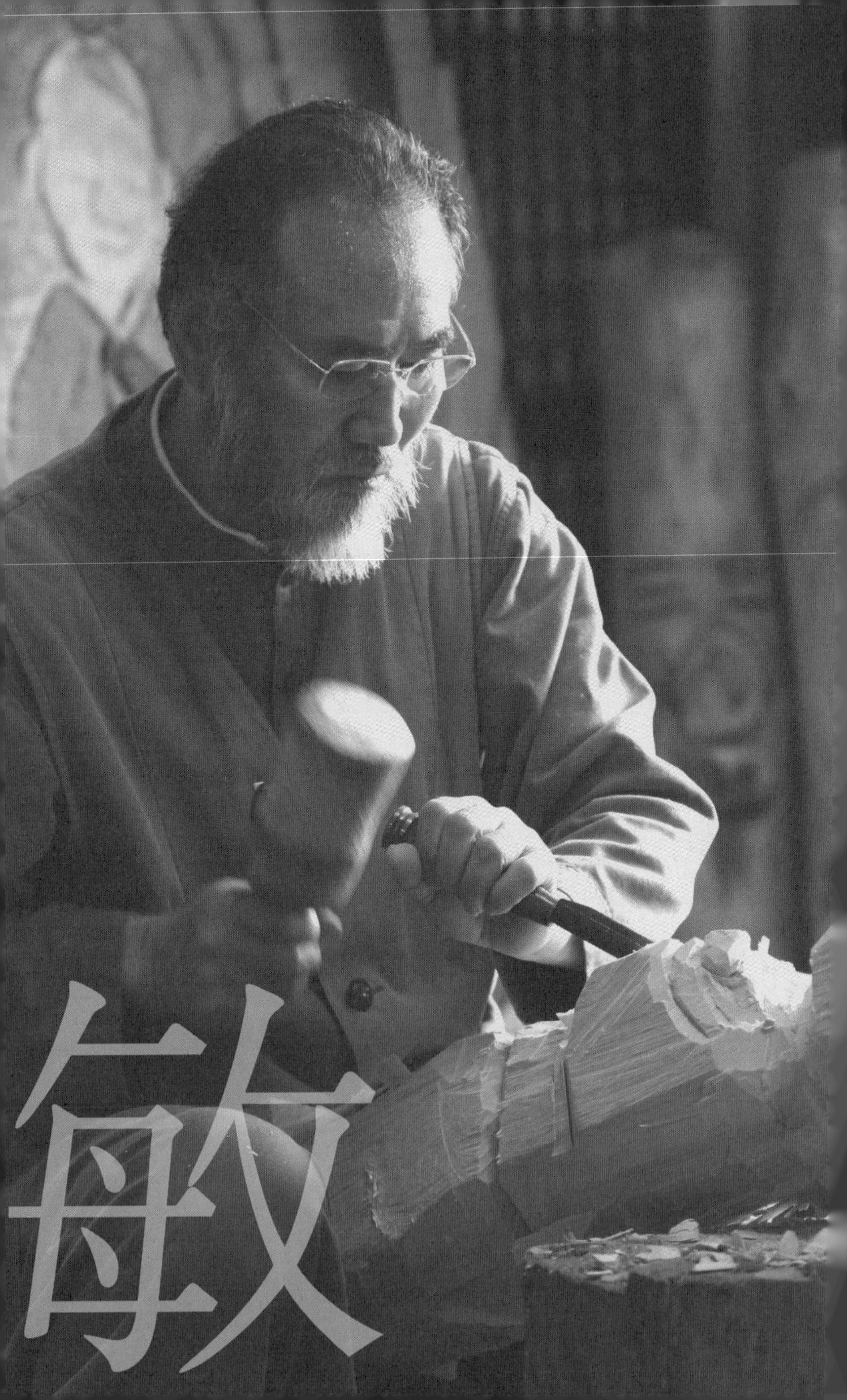
敏

예술과 문화재에 대한 부지런함

박물관 이름부터 남다르다. 박찬수 관장의 호이기도 한 목아는 나무 목(木), 싹 아(芽)로 새로운 싹을 틔워 낸다는 의미다. 그는 이것을 '목조각에 새로운 생명을 불어넣는다'로 읽는다. 그렇게 목아박물관은 나무로 만든 유물과 작품으로 구성되어 있다. 그가 이름난 목조각가이자 박물관장으로 성공하기까지는 많은 어려움이 있었다. 경상남도 산청군의 농사꾼 아들로 태어나 굶주림과 가난으로 힘든 어린 시절이 있었고, 배움에 목말라 여러 스승에게 혹독한 수업을 받던 젊은 시절이 있었다.

어느 길이나 마찬가지지만 예술의 길은 더 어렵다. 더욱이 이전 시절 목조각가는 체계적인 교육이 아닌 스승에게 몸으로 배움을 익

혀야만 했다. 그러한 고난과 어려움을 딛고 오늘의 박찬수 관장을 만든 것은 다름 아닌 특유의 부지런함이다. 논어에서 공자는 '나는 결코 태어나면서부터 세상 이치를 아는 사람이 아니며 단지 옛것을 애호하며 부지런히 진리를 탐구해 터득한 사람일 뿐이다(我非生而知之者, 好古, 敏以求之者也)'라며 강조한 것도 그처럼 묵묵히 현재를 애쓴 결과이다. 자신이 불교목조각가라는 것을 자랑스럽게 말하는 그가 과거의 어려움을 아직도 되새긴다는 뜻과도 같다.

"박물관을 건립한다고 하자 아껴 주시던 많은 분이 작품활동에 지장을 주지 않을까 걱정을 해 주셨습니다. 그러나 한 번도 나의 본분이 목조각가라는 것을 잊어 본 적이 없습니다. 아직도 1년에 3-4차례 전시회에 참여하고, 오히려 박물관장으로서 유물 구매와 같은 활동으로 때로는 새롭고, 때로는 아주 전통적인 유물을 접할 수 있어서 작품 활동에 적지 않은 도움을 받고 있습니다." 그렇게 예술가이자 박물관장으로 만난 그의 이야기가 궁금하다.

어린 시절부터 목조각을 배우셨다고 들었습니다. 예술가로서 지금의 관장님이 있기까지는 많은 어려움이 있으셨는데 그중에서 특별한 인연은 무엇이었는지요?

열두 살, 어린 나이에 서울로 상경하여 목조각을 인연 삼아 산지 60년이 넘었습니다. 처음 조각은 미군부대 앞에서 도장 파는 것부터 시작했습니다. 미군들이 집을 부대 밖에 얻으려면 도장이 필요했을 때라서 막도장을 팔았습니다. 그리고 인두화를 하고, 그림과 조각을 같이 했습니다. 손재주는 없었지만 이것을 못하면 죽는다는 생각으로 남들이 한 번 할 때, 100번 넘게 연습하면서 조각 실력을 길렀습니다. 이후에 외국인들이 좋아하는 민속생활을 조각하면서 생활이 나아졌습니다. 불국사 불상을 모작했고 직지사, 해인사 등의 사천왕상도 모작했습니다. 당시의 모작 중 일부는 롯데월드 민속관, 고려관 등에서도 볼 수 있습니다.

처음 조각을 시작한 공방의 김성수 선생님, 서양미술을 가르쳐 주신 이운식 선생님, 불상 조각의 길로 인도해 주신 신상균 선생님, 일본 유학의 스승이신 가토 선생님 등 제 인생에는 참으로 훌륭하신 선생님을 만난 인연이 적지 않습니다. 그런 조각인생 가운데 따뜻한 어머니를 느끼게 한 곳은 청하 큰스님의 품이었습니다. 어릴 적부터 시작한 객지 생활은 너무나도 힘들고 외로웠습니다. 눈칫밥 먹으며 안 한 일 없이 고생하고 선생님과 선배님들 사이에서 배고픔을 달래

가면서 배운 조각이었는데, 지금 저에게 조각은 이렇게 재미있고, 즐겁고, 고마울 수가 없습니다. 혹여 전생부터 조각 공부를 하지 않았나 싶습니다. 그러지 않고서야 어떻게 지금까지 이 일을 할 수 있었을까요?

정확하게 몇 년인지는 잘 기억나지 않지만 대안사에서 안거를 하시면서 묵언하시는 큰스님을 뵙고 단번에 반했습니다. 늘 장좌불와(長坐不臥, 눕지 않고 좌선함) 하시는 모습을 두고 생불이라고도 불렀습니다. 그분의 말씀을 듣곤 큰스님처럼은 못 살더라도 인생에 큰 목표를 세워, 보람 있게 최선을 다하는 선업(善業)을 이뤄야겠다는 마음을 갖게 됐습니다. 그날은 제 인생에 가장 중요한 날이었습니다.

이런 마음을 아신 큰스님께서 성륜사 불사에 참여할 수 있는 인연을 주셨습니다. 그 인연으로 닫집과 탁자 그리고 명부전, 고행상, 사천왕상 등 많은 불사를 맡게 되었습니다. 작업 도중에 큰스님께서 다정하게 "목아 선생, 고생했어요"라며 격려하시고, 작업하는 제자들에게는 "밤에 고기 좀 사 주게나!" 하시며 애써 주머니에 돈을 넣어 주신 기억이 납니다. 마치 할아버지 같은 모습이셨습니다. 지금 목아박물관 바위에 쓰인 '박물관 불교광장'이라는 글씨와 나한전 현판 글 등 많은 글씨를 박물관에 주시면서 격려를 해 주신 것이 아직도 눈에 선합니다.

이처럼 많은 스승님과 큰스님 덕분에 오늘을 맞이한 제 조각은 10년마다 생각을 변하게 해 주었습니다. 처음 10년은 보기 좋게만 하

면 된다고 생각했지만, 나무의 성향을 몰라 갈라지고 틀어지기도 했습니다. 부족함을 깨닫고 일본으로 유학을 떠나 공부를 하기도 했습니다. 일본에서 좋은 나무를 써서 유명작가의 작품을 만들었지만, 모작이기 때문에 작품값을 받지 못한 적도 많았습니다. 공예가가 아닌 조각가로서 생각을 작품으로 표출하는 과정이 또 10년, 최고의 작품이 완성될 줄 알았는데 어떤 작품을 어느 장소에 모셔야 하는지를 알아보는 데 또 10년…. 이제 조각 인생을 돌아보면 너무 많이 만든 것들이 흠이었습니다. 앞으로는 한 점을 만들더라도 국가와 민족을 향한 마음의 귀의처가 될 수 있는 작품이 되도록 노력하려고 합니다. 그것이야말로 큰스님의 크나큰 은혜를 조금이나마 갚는 길이 아닐까 싶습니다.

관장님 작품은 나무의 결을 잘 표현하고 조각칼의 자국마저 예술로 표현되었다고 생각합니다. 작품의 특징을 말씀해 주신다면 어떤 것이 있을지요?

예전이나 지금이나 나무 자체의 색을 아름답게 생각합니다. 나무결이란 나무가 가진 고유의 무늬들이 있지요. 나무쟁이는 이 나무의 결을 얼마나 잘 쓰느냐가 중요합니다. 나무의 결이 채색을 대신해 줄 수도 있고 그 어떤 채색보다 입체감과 생동감을 줄 수 있기 때문입니다. 그래서 작품의 특성과 용도에 따라 채색이나 단청, 옻칠을 입히고 있습니다. 채색은 나무가 가지고 있는 나뭇결을 잘 살펴 돌가루를 이용하는 자연 채색 방법을 주로 쓰고 있습니다. 고려 불화를 공부하며 느낀 것이지만 당시의 나무작품에도 불화의 형식이나 채색을 띤 작품들이 있었을 겁니다. 그래서 제 작품에도 고려 불화와 같은 채색을 시도해 보고 있습니다.

제 작업에 있어 가장 중요한 도구는 자귀입니다. 절반 이상이 자귀로 진행됩니다. 자귀로 겉박을 치고 형태를 잡은 다음, 정으로 정리해 조각칼로 마무리합니다. 그리고 작품에 쓰이는 목재는 최소한 3-5년 동안 자연 건조해 사용합니다. 주로 사용하는 나무는 결이 곱고 색이 고운 비자나무를 많이 사용하지만, 주제에 따라 재료를 달리하여 사용하고 있습니다. 불상을 조성할 때는 결이 고운 비자나무나 은행나무를 쓰기도 하고, 금강이나 사천왕상 등의 작품을 할 때는 결이 거친 소나무나 느티나무 등을 사용합니다. 장승은 바로 벌목한 나무를 씁니다. 이외에 개인적인 작품을 만들 때는 다양한 나무를 사용해 보고 있습니다. 일종의 실험 같은 거지요.

그렇게 만든 작품 중 가장 기억에 남는 것은 일본의 국보 1호인 목조미륵반가사유상을 복제한 겁니다. 당시 일본 정부에서는 만들지 못하게 하는 등 많은 어려움이 있었지만, 자문위원회도 구성하고 예산도 만들었습니다. 어렵게 진행을 하다 보니 실측 보고서와 유물이 차이가 나고 복제할 나무도 구하기가 어려웠습니다. 그런데 인연이

닮았는지 마침 사들인 나무 중 95% 비슷한 것이 있었습니다. 하나는 한성백제박물관에서 보실 수 있고 하나는 목아박물관에 있습니다.

일본 법륭사에 있는 백제관음상도 손꼽는 것 중 하나입니다. 백제관음상은 현대로 말하면 S라인이라고 표현할 수 있는 백제 특유의 삼굴자세가 표현되어 있습니다. 가냘픈 몸맵시에 큰 키, 형태나 모양의 우아함은 말할 필요가 없죠. 더욱이 백제의 대표 미소를 확인할 수 있는 유물인데, 이 유물을 한국에서 직접 볼 수 없어 안타까운 마음에 직접 복제를 하였습니다. 또 제가 복제하고 국제교류재단이 소유한 국보 78호, 83호 금동반가사유상이 외국과 교류 전시할 때 출품되어 마음이 뿌듯합니다. 앞으로의 목표는 우리나라에 얼마 없는 고려 불화를 입체 조각으로 제작할 계획이 있습니다. 해왔던 민속생활 모습 조각도 계속해서 이 시대의 누구도 하지 못하는 박찬수만의 작품 세계를 만들어 갈 생각입니다. 많은 작품이 아니라 딱 20점 정도만을 남기어 한 세트처럼 전 세계로 돌아다닐 수 있으면 좋겠습니다.

유물 수집을 작품 활동의 한 부분으로 시작하셨다고 말씀하셨습니다. 그 외에 다른 계기와 박물관 설립을 생각하시게 된 이유를 알고 싶습니다.

유물 수집으로 작품이 풍성해진 계기도 있지만, 박물관 설립은 제 생활습관과 이전 일본에서 느낀 것이 크게 작용했습니다. 1950년대 우리나라는 정말로 피폐하고 참담한 모습이었습니다. 그런 시절에 저는 12살에 가족의 품을 떠나 생계와 배고픔을 달래기 위해 조각을 시작했습니다. 그런 조각과의 인연이 주변의 모든 것을 소중한 문화유산임을 깨닫게 하는 계기가 되지 않았나 생각합니다.

아마 같은 시대를 사신 분들은 공감하시겠지만, 지금도 주변 물건을 소홀하게 여기지 않습니다. 심지어 전단지 한 장도 버리지 않으며 하나둘씩 모아 왔습니다. 모아서 꼭 무언가를 해야겠다는 생각은 아니었지만 그렇다고 버릴 수도 없었습니다. 그렇게 주워 오고 모으기 시작한 것이 박물관을 설립할 만큼 많아졌습니다.

그리고 이전 일본에 있을 때 일본 사람들이 가진 민족관과 역사가 박물관을 통해 뿌리 내리는 것을 보았습니다. 그래서 우리나라 민족관과 역사를 공유하는 것이 얼마나 중요한지를 알게 되었습니다. 비록 조각가에 불과하지만, 기회가 닿는다면 박물관으로 민족의 가치관을 세우고 싶었습니다.

먼저 생각한 것은 한민족박물관이었습니다. 그런데 불교조각을 하다 보니 불교 유물이 많아졌고 이를 중심으로 우선 지금의 목아박물관을 세우게 되었습니다. 지금은 불교 유물뿐만이 아니라 우리 한민족과 관련된 유물들도 수집하고 있습니다. 요즘의 장난감부터 현대의 인쇄물까지도 모두 모으고 있습니다. 이처럼 우리 의식들을 느끼게 해 주고 싶어서 박물관을 건립하게 되었습니다.

처음에 박물관을 시작할 때 정부 부처에 박물관 담당 부서가 없을 정도로 모르는 사람들이 많아 어려움도 많았습니다. 전국에 사립박물관도 몇 개 없을 시기였습니다. 이제는 관련 학과가 생기고 박물관에 관한 정책들도 활성화되었습니다. 저는 힘들게 출발하였지만 다른 분들은 좋은 정책들에 힘입어 전국에 많은 사립박물관이 생겼으면 하는 바람입니다.

흔히들 우리 박물관에 불교 유물만이 있을 것으로 생각하십니다. 아마 처음 이름이 목아불교박물관이어서 그랬을 것입니다. 하지만 박물관 소장품에 전통 목조각품, 현대미술품, 민속 유물 등 종교에 구애받지 않은 것들도 많습니다. 그래서 불교를 빼고 목아박물관으로 바꾸었습니다. 지금 전시관으로 단군을 모시는 민족관인 '한얼울늘집', 예수님을 모시는 '하늘교회' 등 다양한 전시로 종교에 구애되지 않고 민족이 하나가 되는 장을 마련하고자 했습니다.

소장품을 보면 관장님의 작품세계처럼 많은 이야기를 담고 있는 듯이 보입니다. 박물관 건립과 운영에는 어려움이 없으셨는지요?

지금 박물관 터가 예전에는 전부 논밭이었습니다. 1980년대부터 돈이 생기면 계속해서 인근의 논밭을 사기 시작했습니다. 이 토지를 다시 정리하고, 흙을 메워 기반을 만들고 그 위에 박물관 본관 건물을 지었습니다. 이후 정원부터 하나씩 하나씩 손수 정리해 가면서 박물관을 만들었습니다. 폭탄에 맞아도 무너지지 않을 정도로 튼튼하게 건립하려고 시멘트도 많이 써 벽도 두껍게 했지요. 벽돌은 서울대학교 문리대 건물을 허물며 나온 파벽돌을 이용했는데, 일반 벽돌보다 비용이 많이 들어 재정적으로 어려움을 겪었습니다. 시멘트 파동이라는 큰 난관에 부딪치기도 했습니다.

20년 전만 해도 개인이 박물관을 설립한다는 것에 긍정적인 반응을 기대하기 어려웠습니다. 서울의 중심도 아닌 이름도 생소한 지역에, 그것도 논바닥 위에 박물관을 설립하기까지 많은 사람의 걱정을 들어야 했습니다. 올바른 정신을 가진 사람이라면 하면 안 되는 일이라는 말까지 들어야 했지요. 그때만 해도 사설박물관은 재벌의 소유물로만 여겨져 많은 오해를 받기도 했고요. 그런 오해를 풀기 위해 개관 이후 6년 동안 입장료를 받지 않았습니다. 소장품도 시골 빈집에 버려진 물건을 주워 손질하고, 돈만 생기면 골동품가게를 내 집 드나들 듯 다니며 모았습니다. 그런 것이 어느덧 6만 점이 넘는

유물과 자료를 소장하게 되었습니다.

처음에는 특색있고 박물관이 많지 않던 시기라 관람객이 50만 명을 넘은 적도 있습니다. 불교 신자도 많으셨지만, 주변에 강과 하천으로 놀러 오시는 분들이 많이 들러 주셨습니다. 요즘엔 수학여행도 줄어서인지 관람객 수가 많이 줄었습니다. 그래서 학생들을 위한 체험교육 등을 통해 박물관 활성화를 계획하고 있습니다. 발굴 체험교육, 큐레이터 교육, 방과 후 교육 등을 직접 진행합니다. 앞으로는 작지만, 문화복합공간으로 발전시키고 싶습니다. 낮에만 즐기는 박물관에 그치지 않고 밤에도 즐길 수 있는 콘텐츠를 개발하고 있습니다.

유물과 함께 관장님 작품을 보러 오시는 분도 많으실 것 같습니다. 박물관 아카데미와 전시는 어떻게 진행하고 계시는지요?

박물관 아카데미는 매년 지역문화 활성화를 위한 박물관 문화학교, 청소년 박물관학교, 목아전통예술학교(학점인정기관)가 있습니다. 상설전시 외에 정기적으로는 매년 5월 '전국 어린이 부처님 그림 그리기 대회'를 열고 수상작들을 전시합니다. 그리고 다양한 분야의 작가들을 초청해 한글 조형미의 아름다움을 펼치는 자리인 '한글새김전'도 마련하였습니다. 그 외에 목조각의 전승 활동을 펼쳐 보이는 '목아 박찬수 전승전'을 중심으로 '미토 신창수 초청전', '지역작가 초청 특별전' 등 연간 3, 4회 이상의 특별전을 진행합니다.

해외 전시는 그동안 20여 개국에서 100여 회가 넘게 열었습니다. 특별했던 것으로 한일 월드컵이 열렸던 2002년에 양국정부의 지원을 받아 일본의 5개 도시 나고야, 오사카, 교토, 요코하마, 다카시마에서 열린 전시회가 있습니다. 전시를 통해 한국의 불교미술을 알리는 좋은 기회였다고 생각합니다. 또 2005년에는 유네스코 초청으로 미국 뉴멕시코주에 위치한 산타페에서 열린 '세계민속예술제'에 참가했습니다. 전 세계 93개국이 참가한 이 전시회에서 우리나라의 여래상과 보살상, 동자승 등 다양한 불교 목조각과 함께 화려하고 정교한 전통 목공예 작품을 선보여 그랑프리상을 받기도 했습니다.

2006년 한·불 수교 120주년 기념행사에도 참여했습니다. 파리 근교 에브리성당 내 국립종교미술관에서 열린 '나무새김의 아름다움'도 성공리에 마쳤습니다. 2010년 주영한국문화원의 초청으로 한국 불교미술의 아름다움을 선보이는 '부처가 입을 열다-나는 누구인가'도 있습니다. 이외에도 반기문 유엔 사무총장의 초청으로 유엔본부에서 전시했으며 세계 곳곳에서 우리의 문화를 꾸준히 알려 왔습니다. 세계 무대에 우리나라의 전통 목조각과 불교미술을 전파하는 일은 언제나 직업적 소명이자 희열 그 자체입니다. 저에게 머무름이란 존재하지 않습니다. 어제를 발판 삼아 지구촌 곳곳에 우리 전통문화와 목조각의 아름다움을 동시에 알릴 겁니다.

투철한 사명감으로 우리나라 목조각의 아름다움을 알려 오신 것과 같이 앞으로 작품활동 계획과 목아박물관의 미래에 대한 한 말씀 부탁드립니다.

저는 불교조각에 있어 빼놓을 수 없는 것이 불상이라 생각합니다. 불상은 예배대상으로서 사찰에서 빼놓을 수 없는 조각품이기 때문입니다. 그래서 앞으로의 작품활동의 방향도 대략 세 가지 방향으로 정해 놓았습니다.

첫째는 각 시대를 대표하는 불교미술품에 대한 실측 조사와 그 재현 작업을 지속적으로 하고 싶습니다. 아직도 불교문화재에 대해 저를 포함한 작가들이 그 기능을 충분히 소화하지 못하기에 꾸준한 노력이 필요합니다. 둘째는 미술을 통하여 불교의 교리를 쉽게 전달하는 다리 역할을 하고자 합니다. 통일신라 시대의 석굴암, 다보탑, 석가탑과 같은 불교 미술의 아름다움은 작가가 불교에 대해 충분히 이해하고 있어야 가능한 일입니다. 셋째, 불상 또는 불교를 장엄하게 돋보이는 데 필요한 불교 목공예 분야에 더욱 주목하고 싶습니다. 목조기술만이 담당할 수 있는 불교 장엄 목공예의 분야에 치중하면서 전통적인 목조기술의 보존과 재현에도 노력을 기울이겠습니다.

이제 저도 여러 선생님을 모시고 후배들을 이끌어야 하는 중진의 위치에 있습니다. 그에 따른 여러 가지 책임도 큽니다. 그 가운데 가장 중요한 것이 후배 작가의 양성이라 할 수 있겠습니다. 노력하지

목아박물관 정신문화실 전경

목아박물관 목조각전시실 전경

않고 쉽게 포기하는 것 때문에 사람들이 성공하지 못한다고 생각합니다. 자기가 하고 싶은 일이 있다면 그 분야에 최고가 되어야 합니다. 인간도 소처럼만 산다면 성불할 수 있다고 합니다. 소의 일생이 그처럼 헌신적이고 하나도 버릴 것 없이 살아가기 때문일 겁니다. 그러기에 불교에서도 심우도(尋牛圖)를 통해 불교의 도를 표현하는 것 아닐까요?

일흔이 넘은 나이지만 독립운동가의 마음가짐으로 우리 문화를 지키고 전수하고자 박물관을 이끌고 있습니다. 불교박물관으로 시작하였지만, 문화운동을 통해 한민족의 뿌리를 지키고자 합니다. 종교와 지역으로 분리되어 있는 한민족의 안타까운 현실을 '한얼울늘집'이라는 민족관으로 민족 화합과 단결의 장으로 이용하고 있습니다. 그런 뜻에서 기독교와 천주교 관련 유물도 수집하고 조각하고 있습니다. 20년 이상 열정을 바쳐 박물관을 지켜 온 점을 어여삐 봐주신 덕인지 허허벌판 위에 세워진 목아박물관엔 아직도 연간 20-30만 명이 찾아오시고 있습니다. 그래서 어려운 경제적 여건이지만 문화운동에 지속해서 투자할 계획입니다.

많은 박물관이 다양한 체험 및 교육을 통해 교육적 기능을 수행하고 있는 요즘입니다. 이 시점에서 박물관이 문화공간뿐만 아니라 교육기관의 역할도 하고 있다는 시대적 평가가 이뤄져야 합니다. 또한, 박물관의 미래를 위해선 지역의 기업과 박물관과의 연대가 유기적으로 이뤄져야 합니다. 기업의 사회투자가 사립박물관으로 이어지는 것이 좋다고 생각합니다. 기업이 별도의 박물관을 운영하기 위해 막대한 예산을 투자하는 것보다, 발전 가능성이 있는 사립박물관을 찾아 투자한다면 우리나라 사립박물관의 밝은 미래를 기대할 수 있습니다. 저는 다시 태어나도 한국에 태어날 겁니다. 그리고 내 것부터 알고 중심을 잡기 위해 많은 이들과 함께 노력하겠습니다.

박물관 소개

목아박물관은 국가무형문화재 제108호 목조각장인 목아 박찬수 선생이 1990년에 설립한 제28호 전문 사립박물관으로 한국 전통문화의 계승과 발전을 목적으로 설립되었다. 서울대학교 문리대학 벽돌을 재활용하여 건립한 본관에는 우리 민족의 정신세계를 조형화한 불교문화재와 민속 문화재가 상설전시되어 있으며, 『예념미타도량참법(보물 제 1144호)』, 『묘법연화경(보물 제1145호)』, 『대방관불화엄경(보물 제1146호)』 외에 16,000여 점의 소장품을 활용하여 매년 기획전과 특별전을 관람객에게 공개하고 있다.

위치: 경기도 여주시 강천면 이문안길 21

전화 : 031)885-9952~4

전시와 프로그램

• 전시관 소개

불교조각실

정신문화실

옹기전시실

야외 전시관

• 박물관 프로그램 소개

체험교육장

목아전통예술학교에서는 목조각을 전문으로 가르치며, 이를 활용한 다양한 체험교실을 개발 운영하고 있다. 또한, 성인을 위한 전통문화강좌, 학생들을 위한 청소년박물관학교와 진로교육 등 해마다 새로이 프로그램을 개발하고 기획·운영하고 있다.

惠

자혜로움으로 맞이하는 마음

철을 다루는 사람에게 자혜롭다는 말이 어울리지 않을지도 모른다. 옛 대장간을 보면 시뻘건 쇳물을 모루에 놓고 이리저리 다듬어 쓰임새 있는 철물을 만든다. 단단한 철을 다루는 까닭에 사람도 투박스럽다. 하지만 그런 철을 보듬고 쓰다듬어야 노리개가 되고 장식품이 나온다. 철을 사랑하고 사람을 사랑해서 나오는 작품이다. 이처럼 인자애인(仁者愛人) 하는 자혜로운 마음은 군자를 닮은 장인의 필수 덕목이며 마음가짐이었다.

유물 중에서도 쇳대(열쇠)만을 고집해 박물관을 차린 최홍규 관장의 마음도 그렇다. 철물점 직원으로 시작한 그를 성공으로 이끈 좌우명은 '상품을 파는 것이 아니라 나를 판다' 이다. 상품을 정성껏 만드는 마음에 고객을 사랑하는 자혜로움이 있었기에 가능한 것이다.

"만 19살에 생활 전선에 뛰어들어 치열하게 살다 보니 어느덧 화랑에서 전시도 하고, 여러 자리에 초대도 받게 되었습니다. 앞만 보고 달려오다 이제는 주변을 돌아보게 되었습니다. 많은 분의 도움으로 이 자리에 왔는데, 같이 공유할 수 있는 것이 무엇일까? 고민하게 된 거죠." 박물관을 건립한 이유처럼 그의 마음은 쇳대박물관과 양평복합문화공간, 이화동마을박물관 프로젝트로 이어지고 있다.

박물관을 경영하시는 분마다 특색이 있지만, 관장님은 '최가철물점'을 비롯해 한길만 걸어오신 것으로 유명합니다. 그래서인지 인생에서 타이밍, 즉 터닝포인트가 특별하다고 들었습니다.

지금 와서 생각하면 미술이나 이 분야에 대해 전문적으로 공부한 사람이 아니라서 오히려 잘된 것 같습니다. 모든 일에 타이밍이 중요하다는 말처럼 타이밍마다 울기도 했고, 웃기도 했습니다. 저는 경기도 북한산 밑 지축리라는 곳에서 태어났습니다. 지금은 서울과 다름없지만, 그때는 중학교 때 처음 기차를 탈 만큼 촌놈이었습니다.

철물점과 인연은 넉넉지 않은 가정형편으로 학원비라도 마련할 생각으로 시작했습니다. 당시 철물점은 직업으로 좋은 곳은 아니었지만, 운이 좋게도 저는 인생의 멘토인 순평금속 권오상 대표님을 만나게 됩니다. 회사에 다니면서 '나도 나이가 들면 저분처럼 돼야지' 할 정도로 마음 깊이 존경하고 사랑했던 분입니다. 같은 이북출신 동업자도 계셨는데 두 분이 아주 근검절약 하시는 분들이었습니다. 심지어 부채가 닳을까 봐 부채를 놓고 머리를 흔드실 정도였습니다. 하지만 가슴은 따뜻하고 넉넉한 분들이었습니다. 처음에는 돈이나 벌 생각이었지만 그분들에게 빠져서 즐겁게 일하는 법을 알게 되었습니다.

그러다 입대를 하고 제대 후에는 '공부를 더 할까? 철물점으로 다시 돌아갈까?' 고민도 했습니다. 하지만 결국은 권오상 대표님과 같은 철물점의 길로 들어섰습니다. 순평금속은 일반 철물점과는 달리 미군에 군납도 하던 곳입니다. 그때 대부분 철물점이 상품을 원칙 없이 만들었는데 미국 납품은 달랐습니다. 폭에 따라 크기가 정해지고 높이에 따라 숫자가 정해지고 그게 할로메탈이냐, 솔리드냐, 우드냐, 용도에 따라 다 달리 제작해야 했습니다.

그때부터 제대로 공부를 하겠다는 마음이 들어 어렵게 미군 부대에서 『다이렉트 아키텍처(Direct Architecture)』라는 책을 구해다 밤새워 공부했습니다. 이후로도 미군들이 버리는 책을 받아 공부했습니다. 이렇게 하나씩 공부를 하다 보니 금속에 대한 흥미가 생기고 더 잘 알게 되었습니다. 그래서인지 전국의 철물점에서 제 얼굴은 몰라도 '순평금속의 최과장' 그러면 다 알 정도로 소문이 나기 시작했습니다.

그때부터 '상품을 파는 것이 아니라 나를 판다'는 신념으로 일했습니다. 손님이 철물점에 들렀다가 그냥 나가면 손님이 왜 그냥 갔는지 분석할 정도로 집요했었지요. 누군가를 위해서가 아니라 스스로 콤플렉스를 극복하기 위한 하나의 방편이었던 것 같습니다. 친구들은 대학에 가서 미팅도 하고 캠퍼스를 누비는데, 저는 이 길을 택한 만큼 더 잘 해내야 했습니다. 콤플렉스가 좋게 발현된 경우였죠. 그렇게 하다 보니 이 분야에서 승승장구했고, 평생직장으로 여기게 되었습니다.

그러다 갑자기 권오상 대표님이 암으로 돌아가시자 다른 곳에서 스카우트 제의가 들어왔습니다. 월급과 3000만 원의 이적료가 조건이었지요. 당시 웬만한 프로 운동선수 이적료 못지않은 금액이라 전국의 철물점에서 난리가 났었습니다. 하지만 10개월 일하고 그만뒀습니다. 권오상 대표님은 제가 디자인이나 비즈니스를 전공하지 않은 사람임에도 무엇이든 할 기회를 주셨습니다. 하지만 옮긴 곳은 저를 비즈니스 장사꾼으로 본 것이라 성장의 기회가 없었습니다. 여러 날을 고민하다가 제 철물점을 차렸습니다.

앞서 말한 첫 타이밍을 1989년 철물점 오픈에서 겪었습니다. 그때는 86아시안게임과 88올림픽이 지나가면서 우리나라 소비자 패턴이 바뀌는 시기였습니다. 서울 강남의 청담동 문화가 탄생하고 오렌지족, 카페문화, 패션거리 등 소비자들이 원하는 것은 많으나 충족시켜 줄 가게가 없었던 거죠. 기존의 가게들이 틀에 박힌 상품을 파는 반면 저는 철물에 대한 고정관념이 없었습니다. 전공자가 아니었기

에 제 마음대로 표현도 하고 눈치 볼 필요가 없었습니다. 그런 자유로움으로 우리나라 최초로 철물에 공예 기법을 도입했습니다. 당시에 철물이라는 것이 집안의 부속물로 저렴하고 오래 쓰는 것이었는데 저는 조화롭고 개성을 갖출 수 있는가에 초점을 두었습니다.

그리고 돈 없이 시작한 사업이라 사무실이 7평밖에 안 되었습니다. 이것을 카페처럼 꾸미고, 마루를 깔아서 신발을 벗고 들어올 정도였습니다. 철물점이 이렇게 카페 같은 공간으로 꾸민 건 그전에는 없었습니다. 소문이 순식간에 퍼져서 조금 과장되게 이야기하면 소비자가 선택하는 것이 아니라, 제가 소비자를 선택할 수 있는 수준까지 이르렀습니다. 그리고 많은 돈을 모았습니다. 이런 독창성이 없었다면 어떻게 되었을까요? 만약 정형화된 무엇을 좇아가는 사람이었다면 철물 디자이너도 될 수 없었고, 나만의 세계를 구축할 수도 없었을 겁니다. 정식 교육을 받았다면 더더욱 못했을 것이란 생각도 듭니다.

이제는 숙명으로 받아들여진 철을 처음 대했을 때는 굉장히 차갑고 삭막하다고 생각했습니다. 그런데 점점 철이 얼마나 따뜻하고, 부드럽고, 친환경적인지 알게 되자 철로 무엇이든지 할 수 있겠다는 생각이 들었습니다. 그리고 하나하나 정성을 들여서 대량으로 만들지 못했습니다. 한 번 팔면 그것으로 끝나는 희소성이 있었던 거죠. 그걸 고객들이 더 좋아했습니다. 얼마 전 다큐멘터리 프로그램에서 김혜자 선생님이 30년 전에 제가 만든 테이블을 아직도 쓰고 계신

걸 보았습니다. 그걸 보고 '아 저거구나! 내가 만들고자 했던 가치가 저거였구나!' 싶었습니다.

그렇게 만든 것 중에 가장 대표적인 것은 예술의 전당 오픈식에 쓰인 공중전화 박스와 쓰레기통입니다. 참석자들에게 많은 호평을 받았습니다. 그래서 문화재관리국 직원들과 같이 안전촛대를 만들기도 했습니다. 화재 예방을 위해 만든 안전촛대를 전국 국보급 사찰에 보급하는 투어도 직접 했습니다. 그리고 압구정 카페에 재떨이를 만들어 준 것에서 유명세를 얻게 된 것 같습니다. 재떨이 하나에 1만 원씩 했는데 당시로써는 무척 비싼 재떨이였습니다. 그래서 훔쳐가는 일이 많자 사람들 입에 오르내리고 그게 홍보가 되었던 거죠.

그러면서 '최가철물점은 비싸다'라는 공식이 성립되었는데 그래도 찾아올 사람은 다 왔습니다. 방배동, 청담동에 신흥 부자촌이 생기며 인테리어 업자가 철물을 최가철물점에서 쓴다고 하면 인정을 받던 시절이었습니다. 그 정도로 브랜드 가치가 올라갔습니다. 철물, 하나의 장르를 개척한 공로로 철물 디자이너 1호로 대통령상도 받았습니다. 아마 철물 장사 외에 다른 것을 했다면 이만큼 성공하지 못했을 겁니다.

고객에 맞춰 철물을 작품으로 만들어 낸 최가철물점의 성공처럼 유물 수집도 특별하셨을 것 같습니다.

어릴 적 친구들은 대학에 갔는데 저만 일하는 것에 자존심이 상했습니다. 그래서 친구들도 만나지 않고 혼자 노는 방법을 터득하기 시작했습니다. 황학동, 청계천 가서 혼자 고물 구경하는 것이 좋았습니다. 사무실에 있는 깨진 토기가 첫 번째 컬렉션입니다. 그러면서 토기의 선과 질감에 매료되었죠. 좋은 컬렉터가 되려면 시간과 경제력과 안목이 있어야 하는데, 그때는 젊은 시절이니까 시간과 안목보다 경제력이 없었습니다. 그래서 깨진 것들을 5,000원씩 주고 사서 안목을 키웠습니다. 경제력이 조금씩 늘어 가면서 본격적으로 컬렉션을 하기 시작했습니다. 예전에는 깨진 토기를 샀다면, 이제는 좋은 토기를 삽니다. 그렇게 모으다 보니 기왕이면 하는 일과 연관성 있는 것을 하자 싶었습니다.

많은 유물 중에서도 특별히 자물쇠를 택하게 된 이유는 제가 좋아서입니다. 저는 용 꼬리보다는 뱀 머리를 원합니다. '최가철물점'이라고 상호를 지은 이유가 낮춘 이름이라 생각하실지도 모르지만, 오히려 집 '가(家)'자를 써서 스스로 잘해야겠다는 의지와 자부심, 오랫동안 이어져 나가겠다는 의지를 표현한 것입니다. 그래서 컬렉션도 고려청자나 백자 등과는 다른 저만의 것을 원했습니다.

그러던 어느 날, 자주 가는 황학동 가게에 갔다가 자물쇠를 발견

했습니다. 가격을 물으니 그냥 가져가라더군요. 순간 흥분이 되었습니다. 골동품은 가격이 없습니다. 상대적인 거라 나한테는 보물이 되지만 누군가에게는 고철이 될 수 있습니다. 자물쇠를 곧장 집에 가져와서 보는데 작지만 원하는 디자인과 기능을 모두 가지고 있었습니다. 쇠를 다루는 입장으로서 물성을 이해하는데 더없이 좋았습니다. '아 이거다!' 싶어 그때부터 자물쇠를 모으기 시작했습니다.

처음에는 5만, 10만, 100만 원씩 주고 직접 사다가 1000점, 2000점이 되고 나서는 중계인이 찾아오기 시작했습니다. 광고한 것이 아니라 10만 원짜리를 20만 원을 주고 사니 '최가 철물점이 비싸게 사준다'라는 소문이 퍼졌는데 그게 다 전략이었습니다. 그래서 방 안에 잠자고 있던 좋은 것들이 오기 시작했습니다. 어느 날은 중계인이 와서 10만 원짜리를 20만 원에 팔았는데, 비슷한 것이 많았지만 아무 소리 없이 샀습니다. 나중에 이것을 안 중계인도 놀랐습니다. 그 후로는 더 좋은 물건들이 오기 시작했습니다.

돌이켜 보면 컬렉션은 아주 큰 스승입니다. 컬렉션을 하면서 인생의 희로애락을 다 배웠고 여기서 디자인을 배웠습니다. 또한, 살아가야 하는 방법도 터득했습니다. 미술을 전문적으로 공부하지 않아 컬렉션을 할 때마다 판단과 결정과 책임이 모두 저에게 있습니다. 따라서 후회하지 않기 위해서는 저만의 원칙이 있어야 했습니다. 그래서 세운 원칙은 첫째가 골동의 가치가 아니라 제가 얼마나 좋아할 수 있느냐이고, 둘째는 이것이 디자인에 얼마나 영향을 줄 수 있느

냐였습니다. 물건이 가짜인지 진짜는 중요하지 않았습니다.

그렇게 컬렉션이 어느 정도 모였을 때, 박물관을 한번 만들어 보자 생각했습니다. 박물관에 대해 아무것도 모른 채 신청했더니 허가가 안 나왔습니다. 그때는 상관없다는 마음으로 1년을 그냥 보냈습니다. 그러다 문화체육관광부 지원 기획안에서 1등을 한 계기로 박물관에 대해 좀 더 깊이 알게 되고 '우물 안 개구리였구나'를 깨닫게 됩니다. 그리고 박물관과 관련된 교수님들, 전문가들과 교류하며 박물관인으로서 조금씩 자리매김을 해 오고 있습니다.

저는 박물관이 유물을 발굴하고 보존하고 연구하는 기관일 수도 있지만, 처음이나 지금이나 설립목적은 지역사회 이바지라고 생각합니다. 뭔가 스토리텔링이 되고 계속 움직여야 합니다. 박제되어 있다고 하면 그것은 박물관이 아닙니다.

쇳대를 수집한 사연만큼 박물관도 특별해 보입니다. 법정 스님이 써 주신 박물관 현판도 그렇고 전시실 분위기도 딱딱한 철 박물관인데도 푸근하다는 느낌입니다. 운영상의 특별한 어려움은 없으셨는지요?

철물점을 경영하고 박물관을 지으면서 적지 않은 인연이 저에게 있었습니다. 그중에서도 법정 스님은 제가 만든 벤치로 인연을 맺었습니다. 쇠(철)를 다루는 사람은 뜻밖에 따스한 분들이 많습니다. 인생의 멘토이신 권오상 대표님도 그러셨지만, 단단한 쇠는 불을 만나 유연하게 변합니다. 차갑게 보이지만 따스함이 배어 있는 쇠의 정직함과 소박함이 좋습니다.

사립박물관을 운영하시는 분들은 입장수입만으로 운영한다는 것이 무리라는 것에 동감하실 겁니다. 외부와 연계된 행사와 정부의 지원사업이 박물관 운영에 큰 도움이 됩니다. 저희의 경우 'KB박물관 거닐기' 등 외부행사와 정부의 학예인력 지원사업이 그렇습니다. 하지만 무엇보다 박물관은 스스로 자족하는 방법을 찾는 것이 중요하다고 생각합니다. 박물관으로서의 기본 기능은 외부에 도움을 받는다 하더라도 박물관의 개성을 잘 나타내 주는 자족기능은 스스로 찾아내야 합니다.

세상은 변하고 있습니다. 생각하기 나름인데 어떻게 의미를 부여하고 어떻게 만들어가느냐에 따라 다른 것입니다. 제가 자물쇠를 쇠붙이라고 버렸으면 그냥 고철에 불과했을 것입니다. 그래도 가구는 대를 물려 쓰지만, 쇠붙이는 녹여서 다시 쓰고, 팔아서 엿 바꾸어 먹었습니다. 그나마 뒤늦게라도 제가 관심을 가지고 컬렉션을 몇십 년 동안 해 온 결과가 이것입니다. 이제는 전 세계적으로도 자물쇠에 관해서라면 둘째가라면 서럽죠. 그런 저도 철물점에 대해 고정관념을 가졌으면 아무것도 못 했을 겁니다.

우리 박물관은 전시만 하는 것이 아니라 공연도 하고 있습니다.

하지, 동지, 춘분, 추분으로 나누어 절기마다 무료로 공연합니다. 오는 사람이 돈이 많든, 사회적 지위가 높든 상관없이 똑같이 대우합니다. 이곳에서 공연하시는 분들이 한결같이 힘들다고 하십니다. 무대와 관객석이 붙어서 관객들은 공연자가 침 튀기는 것도 다 봅니다. 아주 디테일하죠. 공연의 본질이 관객과 객석이 같이 어우러지는 것이라면 그런 면에서 여기가 최고의 공연장입니다.

박물관 경영도 똑같은 것으로 생각합니다. 어떻게 의미를 부여하고 어떻게 만들어 가느냐에 따라서 다르게 보입니다. 박물관을 유물만 보는 것이 아니라 문화나 공간이라고 생각을 하고 본다면 이 안에서 새롭게 만들 수 있는 것이 아주 많습니다.

경기도 양평에 복합문화공간으로 제2의 쇳대박물관을 만들고 계시는데 에코뮤지엄으로 건립하신다고 들었습니다. 지역과 어우러진 에코뮤지엄은 아직 우리에게 생소한 박물관인데요.

'에코뮤지엄'은 지역 공동체와 같이 운영하고 지역의 문화를 보여주는 것입니다. 흔히들 살아 있는 박물관이라고도 합니다. 프랑스에서 먼저 시작했는데 저는 그 이전부터 계획하고 지금 양평에서 만들고 있습니다. 양평에 들어서는 박물관 브랜드가 '양평 상회'입니다. 쇳대박물관, 최가철물점, 양평 복합문화공간의 세 트라이앵글을 묶는 브랜드입니다. 양평 주민들이 산에 가서 싸리 빗자루를 엮어서 만들면 최가철물점이 라벨을 붙여서 감성을 판매합니다. 배추를 하나 사면 우리는 김장김치를 만드는 것이 아니라 보쌈김치도 있고, 백김치도 있고, 각 지방의 김치가 있는데 이를 포장하는 역할을 저희가 하는 것입니다.

학생들은 체험학습을 이곳에서 할 수 있습니다. 그래서 개인당 한 평짜리 농토를 만들었는데 높이가 1m입니다. 쪼그려 앉아서 하는 농사가 아니라 서서 하는 농사죠. 여기서 학생들이 파종부터 수확까지 굼벵이도 만지며 농사도 짓고 달걀을 부화시켜 닭도 키울 수 있습니다. 그렇게 세상을 배웁니다. 이처럼 앞으로 박물관의 역할은 '양평 상회'같이 지역사회와 함께 나아가야 할 방향을 모색하는 것입니다.

아쉽게도 여러 전문가의 의견과 협조를 받아 구조·설계까지 끝내놓았는데 2006년도에 벽화마을을 시작하면서 그쪽 일이 중단되었습니다. 아직 여기서 할 일이 남아 있어요. 이화동 마을박물관을 놔두고 양평에 에너지를 쏟기에는 정신적으로나 경제적으로나 여력이 없습니다. 쇳대박물관과 이화동 마을박물관이 서울시 교육부 배움지정터로 지정되어 이전보다 학생들과 선생님들이 많이 찾습니다. 지자체 사람들도 수시로 와서 무척 바쁜 나날을 보냅니다. 이건 돈보다는 마을 재생사업에 조금이라도 도움이 될까 해서 시작했습니다. 지금은 '이화동 마을박물관 프로젝트'에 온 힘을 쏟고 있습니다.

어쩌면 이화동 마을박물관 프로젝트가 말씀하신 양평 에코뮤지엄의 시험무대 같다는 느낌입니다.

강남에서 사업하다가 강북에서 박물관을 하는 것은 일종의 회귀 본능이라고 생각합니다. 서울 구파발 옆 지축리가 제 고향이고 청년기를 종로에서 보냈습니다. 그러다 사업을 하면서 강남에서 30년을 살았는데 항상 남의 옷을 빌려 입고 산 느낌이었습니다. 트랜드의 중심에서 명품 옷으로 살다가 강북에 와서 박물관을 열고 만 원의 행복을 느끼기 시작했어요. 진정한 저의 모습을 찾은 느낌이었습니다. 그리고 제가 가야 할 길에 대해서 생각했죠.

이화동 마을박물관은 2006년 문화체육관광부에서 소외계층을 위한 미술공공프로젝트로 시작했습니다. 그때 참여한 사람들 68명이 작가였는데 전 유일하게 작가가 아닌 사람 중 한 명으로 함께했습니다. 당시 컬렉터로 본 이화동은 마을 전체가 보물이었습니다. 60년이 된 최초의 타운하우스, 좁은 골목, 높은 석축, 낡은 기와지붕 너머로 보이는 고층빌딩들. 과거와 현재가 공존하는 모습이 사대문 안에 여전히 남아 있다는 것이 충격이었습니다.

하지만 달동네라 불리는 열악한 환경으로 주민들은 재개발만이 돌파구이고 해방구였습니다. 그리고 재개발을 위한 마을조합이 설립되자 주민들은 잔뜩 기대에 부푼 상황이었습니다. 그런 상황에서 재개발하지 말고 마을을 보존하자는 이야기는 꺼내지도 못했습니다. 그러던 것이 문화재보호법이 강화되어 재개발 사업성이 약화됩니다. 재개발 시행사나 주민들이 오도 가도 못하는 신세가 된 겁니다. 그래서 사립박물관장으로 마을의 가치를 높이는 대안을 제시해 주는 것이 옳다고 보았습니다. "이화동은 동대문 인근이라 봉제공장이 많아 '다리미와 미싱'을 가지고 봉제박물관을 만들 수 있다! 재개발이 아니어도 이렇게 마을을 살려 나갈 수 있다"라는 대안을 제시하였더니 주민들이 조금씩 움직이기 시작했습니다.

그런데 30년 이상을 사신 토박이들이 많은 마을입니다. 더욱이 어르신들이 많아 주택과 마을에 대한 고정관념을 바꾼다는 것이 쉽지만은 않았습니다. 그래서 그런 재생사업에는 몇 가지 전제조건이 필요합니다. 최우선으로 주민들과의 소통이 필요하죠. 여기에는 물질적인 것과 정신적인 것이 모두 포함됩니다. 아울러 객관적 시선으로 볼 수 있는 외부인이 필요합니다. 다음으로 에너지가 필요해요. 젊은 사람이 있어야 동력이 생깁니다. 모든 것들을 주도하는 리더도 있어야 합니다.

먼저 객관적인 시선을 갖추기 위해 지인들에게 도움을 요청했습니다. 프로젝트를 시작할 때는 곳곳에 전직 교수, 화가, 건축가 등 10명을 배치해 운영했습니다. 그리고 일 년에 한 달씩 축제를 엽니다. 이제는 조금 더 디테일해져 골목 하나를 집중적으로 하고 있습니다. 다들 이화동이라고 하면 벽화마을로 생각하겠지만, 정작 벽화는 한 점에 불과합니다. 이화동은 마을 전체가 역사, 경관, 지리적 가치 등

무수히 많은 가치를 담은 60년 된 최초의 타운하우스입니다. 서울시 미래 문화유산이 될 것으로 기대됩니다. 지금은 재생사업이 여기저기 활성화되고 있지만, 이전에는 거의 몰랐습니다. 박물관장이자 컬렉터이기 때문에 이런 가치들을 볼 수 있었다고 생각합니다.

저는 잘하는 것보다 중요한 건 열심히 하는 것이고, 그것보다 중요한 건 즐길 수 있어야 한다고 생각합니다. 그리고 여기서 무언가를 바라면 안 됩니다. 정말 좋아서 하는 일이어야지 지속해서 할 수 있는데 이것을 투자로 본다면 나아갈 수 없습니다. 그래서 10년 프로젝트로 생각했고, 올해가 8년차입니다.

마을 전체가 박물관이고 박물관이 전시관이자 다양한 체험 공간 같습니다. 이렇게 주민참여로 만들어 가는 박물관이라 많은 어려움이 있었을 것 같습니다.

이화동 마을박물관 중에 7채가 제 소유입니다. 돈이 많아서가 아니라 외부의 도움 없이 움직일 수 있는 최소단위라 생각했습니다. 그러면서 각기 다른 콘텐츠가 고민이었습니다. 박물관은 콘텐츠가 없으면 안 됩니다. 오감으로 머무를 수 있게끔 해 줘야 합니다. 한번 왔다 가는 것이 아니라 계속 변화를 주어서 계속 찾을 수 있는 여건을 만들어 주어야 합니다. 모두가 박물관 하면 유물만 전시해 놓은 것을 떠올릴 때, 이화동 마을박물관은 다른 것을 보여 주고 전달해 주기 위해 노력하고 있습니다. 한 예로 배오개라는 부엌박물관에서 라면을 파는데 단순히 라면이 아닌 감성을 팝니다. 하루에 10그릇, 20그릇이 중요한 것이 아니라 관람객이 라면을 먹으며 어떤 느낌을 받고 갔느냐가 중요합니다. 부엌박물관에서 와서 단순히 보고 가는 것이 아니라 라면을 먹는 체험을 통해서 이야기가 생기고 다음 이야기도 계속 생겨납니다.

박물관 이름도 특색있게 지었습니다. 그중에 대표적인 것이 '개뿔'과 '노박', '배오개', '이토'입니다. 왜 개뿔이냐 하면 쥐뿔도 없어서 개뿔입니다. 역설적으로 이야기하면 너무 많은 것이 있습니다. 서울을 한눈에 바라보는 멋진 풍광이 있고 이화동의 역사를 담았습니다. 그래서 이 박물관 이름은 개뿔입니다. 북디자이너 홍동원 씨의 글씨로 간판을 제작했습니다. 그리고 다목적 공간으로 활용되는 노박은 가수 장사익 씨가 써 주셨습니다. 노박은 어리숙하고 순박하다는 뜻으로 다른 말로는 늘, 항상, 노상의 뜻을 가지고 있습니다. 배오개는 배나무가 있는 언덕이라는 말입니다. 건축가 승효상 씨 글씨로 간판이 만들어졌습니다. 이토(梨土)는 한자 말 그대로 자연과 함께하는 공간입니다. 동요 「노을」의 작사자이신 이동진 화가께서 글씨를 써 주셨습니다.

이화동은 10년 프로젝트가 끝나고 나면 서울을 대표하는 마을로 급부상할 겁니다. 단순하게 지붕하고 화장실만 개조해도 마을이 살아닙니다. 그래서 게스트하우스를 만들면 큰 비용 없이 서울 도심에 중급 호텔이 탄생합니다. 이전에는 이런 달동네의 못사는 모습이 경제적 치부로 여겨졌지만, 이제는 문화로 바뀌었습니다. 현재 이곳은 재개발이 거의 해제된 수준이라 마을을 살리는 길은 재생 사업밖에 없습니다. 더욱이 이화동은 하드웨어와 소프트웨어 둘 다 가진 흔치 않은 곳입니다. 옛날에는 자주 보던 구멍가게가 여기는 아직도 있습니다. 대부분이 30년씩 되었고 미장원과 같이 마을의 커뮤니티 공간으로 중요한 역할을 합니다. 재미난 것은 이전에는 마을 사람들만 찾았다면 이제는 관광객이 넘쳐나서 장사가 잘됩니다. 마트하고는 틀린 정감이 있는 거죠.

이렇게 마을이 차츰 활성화가 되면서 주민들 간에도 경제적 불균형이 생겼습니다. 그러자 주민 간의 불화도 생겼습니다. 어떤 사람은 벽화를 지우기까지 했습니다. 이것을 가지고 언론에서 한쪽 시선만 다룬 기사를 내보내 문제가 되었습니다. 실제 동네에서는 새로 들어온 이방인에 익숙해지고 공동체를 위한 일에 적응하는 중인데 실상을 잘 살피지 않은 결과지요. 아무리 설득을 해도 안 되는 사람들이 있습니다. 그것은 '틀린 것과 다른 것의 차이'라고 생각합니다. 틀린 것은 가르칠 수 있지만, 생각이 다른 것은 바꾸기가 어렵습니다. 그래서 처음에는 죄인처럼 4년을 살았습니다. 물론 마을을 바꾸려고 한 것이 그분들 때문이 아니라 제가 좋아서 한 것이지만 소통하고 바꿀 확신이 있기에 가능했습니다.

어머니 말씀이 '잘사는 집 가서 조그만 집 짓고 사는 것은 되어도, 가난한 집 가서 큰 집 짓고 사는 것은 안된다.' 처음에는 무슨 말인지 몰랐습니다. 그런데 활동을 하면서 제가 아무리 위장을 해도 박물관장인지 다 알더군요. 어느 날, 젊은 친구 하나가 이런저런 일로 시비를 걸어 온 적이 있습니다. 후에 그 친구 집 가서 커피를 한잔 마시며 대화를 나눠 보자 이화동의 엘리트였습니다. 한양대학교를 졸업하고 일본 유학까지 다녀온 분이었습니다. 그렇게 친해져서 앨범까지 보여 주었습니다. 지금은 그게 하나의 아이템이 되어 전시하고 있습니다.

그렇게 옥신각신하던 것이 지금은 추억이 되고 경험이 되었습니다. 어쩌면 벽화를 지웠던 청년이 저에게 스승이 된 겁니다. 저도 "마을을 위해서 한다. 항상 봉사한다"고 생각하지만 어떻게 보면 위선입니다. 결국은 제가 좋아서 하는 겁니다. 사람이다 보니 애써 모은 고물들을 가지고 왜 이런 것을 하지? 장사꾼이 마을에 왜 몇십억 원을 투자하지? 이런 고민을 한 적도 있습니다. 하지만 눈앞에 보이는 것보다 훨씬 더 큰 것을 마음에 가지고 있습니다. 현재의 나보다 다음 세대에게 남길 더 큰 가치를 생각하며 여기까지 온 것 같습니다.

이화동 마을박물관 전경.

이화동 마을박물관 같은 대규모 프로젝트는 개인이 운영하기에는 어렵다는 생각을 하게 됩니다. 프로젝트를 어떻게 운영하고 계시는지요?

프로젝트 구상과 계획을 마련하고 서울시장님을 찾아갔습니다. '이것으로 10년 뒤 서울시 문화자산이 엄청나게 높아질 것이다. 저도 지금 투기가 아닌 투자를 하는 것이다'라고 설득했습니다. 그런데 이야기를 나눠 보니 시장님도 저와 같은 생각을 하고 있었습니다. 시장님의 많은 관심과 배려 덕분에 이화동 마을박물관 프로젝트는 많은 지원을 받고 있습니다. 많다고 볼 수도 있지만, 마을 전체를 대상으로 하는 사업이라 그렇습니다.

서울시청과 종로구청에서 제 별명은 '버럭 관장'이라 불립니다. 물론 시스템의 문제로 공무원들에게도 고충이 있을 겁니다. 하지만 현실은 법과 절차로만 풀 수 없는 것들이 많습니다. 공중화장실을 개선하려고 해도 문화재보호법 때문에 안된다고 합니다. 그런데 상식적으로는 이런 환경을 개선해야 관광객들이 편안하게 즐길 수 있습니다. 옛날에는 유네스코 문화유산도 지정되면 복원을 우선했습니다. 지금은 마을과 같이 가는 것이 옳습니다. 복원을 위해 현재 주민이 생활하는 곳을 철거하는 것보다는 어떻게 하면 같이 상생할 수 있을까가 더 중요한 겁니다. 이런 지극히 기본적인 것을 외면하고 일을 진행해서는 안 됩니다.

그래서 담당 공무원들에게 부탁하고 싶은 것은 '숲만 봐서도 안 되고 나무만 봐서도 안 된다. 다 볼 수 있어야 한다'는 말을 해 주고 싶습니다. 점이 선이 되고 선이 면이 되는 것인데 어떻게 하나를 두고 이야기할 수 있나요? 모두가 각자의 영역에서 큰 그림을 보아야 합니다. 마찬가지로 한 편의 영화를 만들기 위해서는 좋은 감독, 작가, 배우도 필요하지만, 엑스트라도 필요합니다. 모두가 감독이고 주연이면 그게 될까요? 마을도 마찬가지고 사회 구성이라는 것이 그런 것이죠. 어제는 주연이었지만 지금은 조연으로 만족해야 합니다. 흐름과 트렌드에 사람도 맞추어야 합니다.

저는 아주 후회 없이 장사도 해 보았습니다. 박물관 사업도 지원 사업이 생긴 이래 따라오는 박물관이 없을 정도로 많은 사업도 해냈습니다. 박물관이 살아남기 위해서는 사업성이 있어야 하고, 지속성, 진정성, 공공성이 확보되어야 합니다. 개인이 무언가를 만들어 걸어놓으면 누군가가 민원을 넣어 떼어 갑니다. 하지만 공공성이 확보되면 인정을 받습니다. 그리고 국가는 지원만 해야지 관리하려 하면 어긋나게 됩니다.

그동안 해오신 일을 보면 박물관 운영자보다는 사회사업가이자 문화사업가라는 생각입니다. 앞으로 개인적인 소망은 어떤 것이 있으신지요?

어렸을 때 꿈은 학교 교사였습니다. 그런데 지금은 배우가 되고 싶습니다. 다시 태어난다면 배우가 돼서 남의 인생을 대신 살아 보고 싶습니다. 예술의 전당에서 공연한 적이 있었습니다. 무대에서 객석의 빨간 의자를 보고 무척 흥분되었던 기억이 납니다. 그때 배우나 뮤지션들의 마음을 이해하게 되었습니다. 또 연극도 두 번 했는데 말로 표현할 수 없는 희열을 느꼈습니다. 마치 병 같았어요. 수집도 병입니다. 좋은 병이죠.

가끔 이런 생각을 합니다. 최고 정점에 있을 때 가지고 있던 많은 것들을 포기하고 박물관에만 몰두했는데, 그때 내려놓지 않고 5년을 더했다면 경제적으로 더 많은 것을 얻지 않았을까? 하지만 아마 그때 내려놓지 못했으면 지금 박물관을 하지 못했을 겁니다. 다 때가 있지요. 이제 60대가 되면 50대 같은 에너지는 없겠죠. 지금도 무엇을 새롭게 시작하라고 하면 할 수 있을까요? 저도 두렵습니다. 부딪히는 것도 두렵고요. 그렇지만 저는 장사꾼입니다. 영원한 장사꾼이니 계속해 나가야죠.

지금 못하는 것은 다음 세대에라도 주고 싶습니다. '최가철물점'이라는 이름도 다음 세대, 미래 세대가 이어 나가 주길 바라는 마음에

서 지었습니다. 객관적이지 못했던 아들보다는 손주가 이어 나가길 바랍니다. 그런데 전제조건은 이 일을 좋아할 수 있어야 합니다. 이것을 돈으로 보고 한다면 힘들죠. 즐길 수 있다면 할 수 있을 겁니다.

그리고 현재 쇳대박물관이 팔리면 더 확장할 생각입니다. 거시적인 것이 아닌 구체적인 것으로, 작지만 정교하고 콘텐츠가 있는 도시를 구상하고 있습니다. 그것이 이화동 프로젝트를 시작하고 나서 조금씩 현실로 다가오고 있습니다. 서울에서 이런 장소는 그리 흔치가 않습니다. 게다가 사대문 안에 이런 곳은 찾기 힘듭니다. 제가 잘해서가 아니라 이런 곳은 가치가 굉장히 높습니다. 그것들을 지금은 포장만 하는 것으로 생각합니다.

어떻게 보면 저에게 행운이고 좋은 타이밍을 맞이한 것입니다. 10년 뒤에 한다고 해도 의미가 없고, 10년 전에 했어도 의미가 없습니다. 타이밍이 중요합니다. 그렇게 볼 때 저는 분명히 장사꾼입니다, 가업을 이어 나갈 최가철물점을 만들어 놓고도 이화동에 주력하고 있는 것도 다 그런 의미 때문입니다. 저는 대단한 사람이 아닙니다. 훨씬 대단하신 분들 이야기가 많습니다. 하지만 저 같은 사람의 이야기도 도움이 될 거라 봅니다. '아! 이런 길도 있구나. 이런 길을 이렇게도 갈 수 있구나' 하고 말이죠.

쇳대박물관
LOCK MUSEUM

박물관 소개

쇳대박물관 전경

2004년에 개관한 쇳대박물관은 건축가 승효상의 작품으로 이로재에서 디자인과 설계를 하였다. 하루만 지나면 몇 건물의 외관이 바뀔 만큼 풍경이 가볍고 어지러운 대학로의 환경에 세워진 쇳대박물관은 파편적인 동숭동의 도시풍경 속에 쇠의 묵중한 무게를 놓아 새로운 긴장을 조성한다는 개념을 가지고 있다.

쇳대박물관은 우리나라의 옛 자물쇠 및 세계 각국의 독특한 자물쇠를 주제로 박물관으로 사라져 가는 우리의 자물쇠들을 수집, 보존 연구하며 대중에게 전시 활동을 통해 우리 자물쇠의 아름다움과 과학적 우수성을 알리는 데 그 목적이 있다. 이곳은 자물쇠에 대한 새로운 해석을 대중에게 전달하고 소통하는 커뮤니케이션의 장이 될 것이며, 또한 관람객 스스로가 자물쇠에 대한 문화적 의미와 미학적 의미를 이해하고 흡수하도록 그 기회를 제공하는 수용자 중심 문화형성에 이바지할 것이다.

위치: 서울시 종로구 이화장길 100번지

대표번호: 02-766-6494

*** 관람시간: 오전 10:00-오후 6:00(휴관: 매주 일요일, 월요일)**

전시와 프로그램

• 전시장 소개

제1전시실_조선시대 각종 자물쇠.

제2전시실_목가구용 자물쇠, 자물쇠함, 궤, 인장함, 영정함 등.

제3전시실_외국의 옛 자물쇠.

입사장실_입사장 이경노의 작업공간을 재현.

기증실_기증된 자물쇠.

두석장실_김극천 장인의 사용 도구.

• 박물관 프로그램 소개

직접 전통자물쇠를 제작해 보는 〈전통자물쇠 만들기〉, 전통문양을 활용하여 텀블러 이미지를 디자인하는 〈전통문양 텀블러〉, 조선시대 '물고기 자물쇠'에 담긴 의미를 알아보는 〈나만의 물고기 자물쇠〉, 현대적인 재료로 전통미를 살려 감상용 열쇠패를 제작해 보는 〈아름다운 우리 열쇠패〉, 열쇠패 스티커를 이용한 〈주렁주렁 열쇠패 액자〉, 열쇠패 엽서를 직접 채색하는 〈열쇠패 컬러링엽서〉가 있다. 그 밖에 이화동마을박물관 교육프로그램으로 마을의 역사와 한양도성, 마을재생, 우리의 근대문화를 알아보는 〈이화동마을박물관 골목탐험대〉와 일반 성인 및 관련 전문가를 대상으로 〈이화동마을박물관 투어〉를 진행하고 있다.

space c
三省出版博物館
SAMSEONG MUSEUM ACADEMY
쇳대
100

3장

박물관에서 미래를 본다

1909년 국내 첫 근대 박물관 개관 후 100여 년이 지나며 문화예술 환경은 급속도로 변화되었다. 현재 박물관은 역할 확대와 더불어 체계적인 박물관 발전 정책이 요구되고 있다. 그래서 새로운 100년을 준비하는 새로운 개념의 박물관 발전을 생각하여 보았다. 크게 '우리나라 박물관의 미래를 생각하며'와 '대학박물관의 미래를 위한 제안'으로 나누었다. 먼저 우리나라 박물관의 문제점을 파악하고 이에 따른 목표와 실천 과제를 설명하여 박물관의 미래상을 제시하였고, 역사 연구의 산실인 대학박물관의 미래를 위하여 변화된 사회 현황과 이에 대처하기 위한 대학박물관 제도개선에 대한 의견을 담았다. 내용은 2013년 한국대학박물관협회 학술대회에서 발표하였고 『한국대학박물관협회 학술대회』 69호에 실린 「박물관 발전 기본구상과 대학박물관의 활성화」에서 발췌하였다.

1. 우리나라 박물관의 미래를 생각하며

우리나라 박물관은 2015년을 기준으로 박물관은 780관, 미술관은 202관으로 약 1,000여 개 관에 이른다. OECD 주요 국가와 비교해서 한국 12.5만 명, 미국 6만 명, 프랑스 4.6만 명, 일본 3.7만 명, 독일 2만 명으로 아직도 인구대비 부족한 실정이다. (출처: 문화체육관광부 국가지표체계 「등록 박물관/미술관 현황」) 초창기 박물관이 단순한 유물 전시에 그쳤다면 이제 박물관은 한 나라의 문화 척도가 되었다. 이것은 관람객들의 변화에서도 알아볼 수 있다. 인구 구성의 변화와 고령화 사회 도래에 따라 박물관의 역할에 대한 사회적 기대가 높아지고 이용수요도 크게 늘었다. 또한, 100세 시대 도래에 따른 고령 관람객 증가 등 관람객층이 다변화하고 조기은퇴자의 여가, 교육, 재취업 등을 위한 사회적 수요가 확대된 것도 한몫한다. 이러한 점은 박물관의 정책담당 부서의 명칭 변화에서도 알 수 있다. 1990년 문화부의 '박물관과'로 시작하여 '도서관박물관과', '국립중앙박물관 박물관정책과'를 거쳐 2008년에는 '문화(여가)정책과'가 되었다가 2012년 '박물관정책과'로 독립하였다.

박물관의 핵심 기능도 변화되고 있다. 이전 대중을 위한 공공 목적의 사회 교육을 담당한 것에서 일반인, 전문가, 학생 등 다양한 계층의 필요성에 의해 교육이 이루어진다. 특히 주 5일 수업제 실시에 따라 '학교 밖' 교육프로그램의 필요성과 다문화사회에서 문화다양성 교육기관으로서 박물관의 역할이 기대되고 있다. 그리고 문화적 삶의 질에 대한 사회적 관심 확대 및 저소득층의 여가활동을 위한 문화복지 서비스 수요가 급증하고 있어서 가족, 학생, 직장인 등을 위한 맞춤형 체험학습 활동 수요도 증가하고 있다. 또한, 중산층 감소와 계층 간 소득 격차 확대에 따라 저소득층 문화예술활동 제약, 지역에 따른 문화 향수 및 문화소비의 양극화가 심해지고 있다. 공립박물관이 내적 성장과 변화를 거듭해 온 것과 같이 사립박물관의 경우도 질과 양에서 많은 성장을 이루었다. 하지만 아직은 미비한 정부지원과 정책으로 적극적인 박물관 설립이 이루어지지 않고 있다. 또한, 설립자들의 고령화에 따라 컬렉션의 공공자원화를 위한 대책이 시급하다. 따라서 지속적인 사립박물관 운영 및 활성화를 위한 공공지원 체계화가 필요하다.

변화를 위한 박물관 문제점 고찰

미래 박물관을 위해 각 박물관과 현행 제도와 지원 정책에서 문제점을 찾아보았다. 공립과 국립 박물관의 경우 전시자료의 부족, 사립과 대학 박물관은 지원 정책의 보완이 시급한 실정이다. 박물관 제도와 지원은 변화된 사회에 맞추지 못한 점이 문제점으로 생각된다.

공립박물관의 문제점

건립 지원 등 박물관의 양적 확대에 정책 역량을 집중하여 소기의 목적을 달성하였으나, 정작 운영 내실 측면에서는 미흡한 여건이다. 양적 확충과 시설 대형화에도 불구하고 전시자료 부족 및 상설전시장 위주 운영 등으로 기대에 미치지 못하는 경우가 많으며, 건립 후에도 전문 인력과 운영예산 확보 미흡 등 부실운영 상황이 계속되고 있다.

국립박물관의 문제점

상대적으로 나은 여건이나 국립중앙박물관과 국립민속박물관 외에 전문박물관의 부재로 국제적인 추세에 크게 뒤지고 있다. 타 부처 소관 국립박물관 중에는 미등록 박물관이 산재하여 박물관으로서의 기초 역량이 크게 부족한 실정이며, 설립 시에도 박물관 및 미술관 진흥법에 따른 문화체육관광부 장관과 사전협의가 저조하다.

사립박물관의 문제점

열악한 운영여건으로 인해 잠재적 성장 가능성에도 불구하고 전시자료의 다양성 부족, 단조로운 상설 전시, 경제적 자립 역량 미흡 등으로 박물관 운영 환경 변화에 적극적으로 대응하지 못하는 실정이다. 아울러 1세대 설립자들의 고령화로 박물관 보유자료의 공공자산화를 위한 대책 마련이 시급한 상황이다.

대학박물관의 문제점

대학 내 주요 시설 중 하나로서 출토유물의 주요 위탁관리기관 역할을 해오고 있으나, 정작 학생들의 체험교육기관 역할은 미흡하다. 그리고 대학 당국에서도 인력 및 전시예산 지원에 매우 인색한 실정이다.

법과 제도의 문제점

'박물관 및 미술관 진흥법' 등 법과 제도가 오랫동안 개정되지 못하고 낙후됨으로써 현실적 적용에 한계가 드러나고 있다. 중장기적 관점에서 박물관 발전을 위한 종합적 국가정책 및 체계적 지원전략이 부재하다. 그리고 박물관 건립과 운영에 대한 평가와 검증 절차가 제대로 이루어지지 못하고 발전 방향 제시도 미흡하다.

박물관 설립 기준의 미비 및 등록 요건의 운용상 한계로 박물관 설립 시 최소기준이 없다. 그래서 '선 건립, 후 등록'의 절차상 건립

이후에 등록요건 미충족으로 미등록 사례가 다수 발생한다. 공공재원으로 운영되는 국공립 박물관의 경우 등록 의무규정이 없어 미등록 상태로 운영되는 경우가 많다. 공사립을 불문하고 대부분 운영예산과 전문인력의 부족으로 소장 자료를 충분히 활용하지 못함으로써 공공박물관으로서 역할에 한계가 있다. (연간 운영예산 1억 미만: 공립 109관(37.7%), 사립 90(35.9%))

박물관 학예사 제도는 도입 후 운영인력의 전문성에 대한 고려 없이 복잡한 자격단계만을 규정함으로써 박물관 패러다임의 변화에 적응하지 못하고 현실과 괴리되어 있다. 따라서 박물관 운영에 필요한 다양한 전문분야에 대한 고려 및 선발, 연수 제도 개선이 필요하다.

지원 정책의 문제점

최근 몇 년간 학예사, 에듀케이터 지원 등 일부 지원사업이 새롭게 도입되었으나, 수혜 기관이 제한적이며 단편적인 인력 지원에 머물고 있어 체계적인 발전전략이 시급하다. 또한, 박물관 정책의 안정적인 추진을 위한 공공지원체계 개편이 필요하다.

박물관의 미래를 위한 제안

앞의 문제점을 개선하는 방향으로 크게 '인류 유산과 함께 미래사회의 문화와 교육 발전을 선도'하는 것을 발전 목표로 잡았다. 이를 위해 '양적, 질적 성장의 조화', '공공성과 전문성의 겸비', '문화와 교육을 함께'라는 목표를 설정하였다. 또한, 목표 실천을 위해서 '박물관 인력의 전문화', '박물관 제도의 체계화', '박물관 경영의 효율화', '전시와 프로그램의 대중화'로 세분된 실천과제를 사례로 들었다.

1) 박물관 인력의 '전문화'를 위한 과제

• 학예사 제도의 수직적 등급체계 단순화 및 수평적 전문화 도모

현재 4등급 체계(준학예사, 1·2·3급 정학예사)를 2등급 체계(준학예사, 정학예사)로 구분하고, 박물관학, 박물관교육학 교육과정 등 표준안의 연구와 보급이 필요하다. 그리고 자격증 관련 학교 과목 이수사항 반영 등 사전 전문교육과정을 체계화하고, 소정의 재직경력자에 대해 심사를 통한 학예사 자격 부여로 현장성을 강화하여야 한다. 아울러 학예사 채용 시 박물관 주제 영역과 전공 분야 적합성의 반영을 확대하고 국· 공립박물관의 학예사 자격 소지자의 채용을 의무화하여야 한다.

• 박물관 업무영역 세분화 및 전문인력 적정 배치기준 마련

박물관 관련 업무영역별로 필요한 전문인력의 적정한 배치기준을 수립하여야 한다. 따라서 소장품 연구, 소장품 관리, 보존과학, 박물관교육, 전시디자인, 외부관람객 서비스 등 국제적 규범에 맞는 기준을 마련하여야 한다. (프랑스박물관의 경우 관람객 서비스 부서 의무 설치) 국공립 박물관 규모, 소장유물 성격 등에 따라 학예사의 배치기준을 강화하여야 한다. 그리고 전문경력 관장의 상근 임용 의무화 및 행정기관장이나 직원에 의한 겸직을 금지해 박물관 운영의 책임성과 전문성을 강화하고, 박물관의 독립성과 자율성을 보장하여야 한다.

• 국내외 기관 연계 학술연구 및 국제 교류 진흥

ICOM, ASEMUS 등 국제 박물관협력망과의 연계협력사업을 확대하고 지역별 박물관연합(유럽 MINERVA, 미국 AAM 등)과 MOU 체결하여 국제협력을 강화하고, 학술연구 인프라 구축을 위한 국제학술대회 개최를 지원하여야 한다. 국제학술대회의 정기적 개최(영월군 '박물관 고을특구'의 전략적 활용), 해외 박물관·대학 등과 주제영역 관련 공동연구프로젝트를 지원한다.

• 전공과정, 교수와 학습시스템 등 연계, 특성화 대학박물관 지원

대학박물관을 전문인력 재교육 및 예비인력 양성 기관으로 육성하고, 교육과정 표준화 연구 및 사립박물관 소장품 연구 등 연구기관으로 활용하며, 국유문화재 소장 관리기관으로서 역할을 확대하여 관련 연구 및 전시의 역량을 강화한다.

• 박물관 전문화를 위한 정책 추진체계 개선

박물관 정책을 양적 확대 중심에서 질적 성장 중심으로 전환하며, 국·공·사립·대학박물관 등 분야별로 체계적 육성정책을 수립 추진한다. 박물관 정책의 근본적인 개선을 위해 '박물관정책 전담부서' 설치하여 박물관정책 관련 사업을 원활하게 추진한다. 전담 지원기구 운영으로 박물관의 설립-등록-평가-지원 등 단계별 지원사업 체계화 및 박물관 정책의 일관성을 유지한다.

• 박물관 행정 담당 공무원 대상 교육프로그램 운영 체계화

박물관에 대한 이해도 제고를 위한 체계적인 교육 프로그램의 운영을 정례화하여 잦은 인사이동에 따른 박물관 행정의 질 제고와 기관 간 협력을 활성화한다.

2) 박물관 제도의 '체계화'를 위한 과제

• 박물관 설립·운영 최소기준 마련

국공립 사전평가, 사립·대학 박물관의 설립 및 등록 요건으로 활용한다. 시설, 소장품, 인력 외에 부지 및 시설 연면적, 입지조건, 편의시설, 예산계획, 시설 및 소장품 규모 대비 인력 규모, 박물관 종별 인력 분야 등을 등록 요건으로 한다.

• 국공립 박물관 건립에 대한 사전평가제 및 사후감리제 도입

국공립 박물관의 운영 건전성 확보를 위해 신규건립에 앞서 소장품, 인력, 예산, 시설 등에 관한 구체적인 운영계획을 수립하여 사전평가한다. 전문가에 의한 사전평가 결과를 바탕으로 국고 지원 여부에 대한 의견을 제시한다(문화부→기재부). 시설건립 후 개관 전에 박물관 운영에 필요한 제반 사항의 준비 여부에 대한 최종검토 절차를 마련하여 준비가 미흡하면 보완을 요청하고 컨설팅으로 협력한다.

• 국공립 박물관 등록 의무화 등 박물관 등록제도 개선

국공립 박물관의 등록 의무화 및 등록유예제도 도입으로 사회적 책임을 강화한다. 국립박물관 등록 기준 강화로 국립박물관의 질과 수준을 확보하고(유물의 질, 인력 등), 미등록 국공립 박물관·미술관에 대해 등록유예제도를 운용한다. 공립 박물관 등록업무의 중앙 이관(지자체→문화부)을 검토하고, 감독을 강화한다. 등록업무의 실효성 제고 및 설립주체가 등록업무를 관장하는 문제점을 해소하고, 중앙부처·지자체 행정평가 항목 추가로 등록업무의 책임성 및 실효성을 확보한다.

• 설립 예정 사립박물관 대상 사전컨설팅 지원

환경, 관람객, 설립계획 분석으로 건립 타당성을 점검하고 설립계획 전반에 대한 대안 및 운영계획, 마케팅, 건축, 디자인 등에 대한 전 과정 컨설팅(관련 기관, 협회 등 협력)을 시행한다.

• 사립박물관 비영리법인화 지원으로 안정적·항구적인 운영체제 구축

사립박물관 소장유물의 공공자원화 및 차별화된 공공지원을 시행한다. 각종 지원사업 대상 선정에 비영리법인 박물관을 우선 선정하고, 비영리법인화 업무 안내서를 보급하여 법인화 과정을 표준화한다.

• 박물관 평가인증제 도입

평가인증제 도입으로 박물관의 운영부실 방지 및 공공서비스를 강화한다. 국내외 박물관 환경 변화에 부응하여 미래가치 증대 요소를 평가하고 박물관의 건전한 발전 방향을 제시한다. 국공립은 의무적으로 사립·대학박물관은 선택적으로 시행한다. 박물관운영의 최소기준을 충족하여 운영 내실화로 공공서비스의 질을 향상한다. 인증박물관은 국유문화재 관리, 경력인정, 홍보 등 행·재정적으로 지원한다. 인증박물관은 공공재적 가치를 인정하여 학예인력 등 안정적 지원과 인증, 조건부인증, 미인증 등 3단계로 구분하여 차등지원한다. 인증 기간(인증 후 3년간, 현행은 국공립박물관, 학예사운영위원회 심사를 거친 사립박물관) 중 학예사 경력인정기관의 자격을 부여한다. 그리고 국비와 지방비의 매칭 지원으로 지자체의 책임성을 제고시킨다.

• 국공립 박물관 민간위탁 운영관리 기준 수립 보급

유물 부족 등으로 운영난을 겪고 있는 공립, 사립의 전문성 및 질 확보를 위한 기준을 수립하고 가이드라인을 보급한다. 그리고 민·관 간 협력모델의 보급으로 파행적인 운영 문제를 해소한다.

3) 박물관 경영의 '효율화'를 위한 과제

• 에너지 절약 및 박물관 운영난 경감을 위한 LED 조명 교체 지원

전력손실이 적고 수명이 긴 LED 조명 보급으로 에너지 절약 및 운영비 절감과 아울러 조명으로 인한 전시유물의 노화를 방지한다. 전기요금은 박물관 운영비의 약 10%로서 LED 교체 시 약 1/2을 감경할 수 있다.

• 박물관 소장품의 DB 구축 등 보존관리 및 공공적 활용 강화

전략적 지식정보 DB의 공동 구축으로 이용자에 정보제공 및 교환전시 등으로 박물관 소장품을 효율적으로 활용한다. 박물관 소장품을 국민 문화향유권 향상을 위한 공공재로 보존관리, 활용하고, 지역대표관을 중심으로 재난관리협력망을 구축하고 정기적 훈증소독을 지원한다.

• 박물관 관련 세제의 전반적 개선 추진

양도소득세 면세 및 박물관 상속세 유예 조항을 부활시키고, 상속

세 유물 대납, 위탁관리 기준 수립 등을 위하여 관련 부처와 협의를 적극적으로 추진한다.

• 국외 유물의 국내전시 활성화를 위한 '정부 지불보증제' 도입 검토

국외유물을 임차 전시할 경우 고가 전시 물품에 대한 높은 보험료 부담으로 재정적 부담 심하여 다양한 전시기획이 제한적이다. 따라서 정부 보증의 대상 및 요건, 심사절차, 보증액의 상한 등을 엄격히 정하고 공정한 가액 결정을 위한 전문적 감정절차를 도입한다. 이미 시행 중인 미국, 영국 등의 사례를 검토하여 국내 여건에 맞는 제도를 마련하여 관련 부처와 협의를 거쳐 도입을 검토한다.

• 「박물관 기증유물 감정평가위원회」 설치 운영

박물관 기증유물에 대한 공신력 있는 진위 및 가격 감정 기반 마련으로 유물 기증의 활성화를 도모한다. 또한, 기증 박물관 자료에 대한 가격 감정을 시행하여 조세의 감면자료로 활용한다. 감정평가 범위는 국립에서 시작하여 단계적으로 확대(국립→공립→사립)한다.

• 지방자치단체 연계 사립 박물관 운영 활성화

운영난 등으로 박물관의 유지가 어렵거나 기증 의사가 있는 등록 박물관을 대상으로 지방자치단체와 연계하여 소장품을 지속 활용할 수 있도록 다양한 지원방안을 마련한다. 소장품 및 유물 기증자에 대한 예우 기준을 마련하고 유물 기증 활성화를 위해 수증기관의 공적 신뢰도와 책임, 소장품 보전과 활용, 기증자 예우방안 등을 담은 안내서를 제작하여 보급한다. 지자체의 박물관 운영조례에 기증자 예우 기준 관련 조항을 신설하여 확대한다. 사립박물관의 공립박물관 전환 시 사전 유예기간 운영 및 기탁제도 활용 등 다양한 연계방안을 마련한다.

• 지방자치단체 및 대학 평가에 박물관 운영실적 등 반영 추진

지방자치단체 평가에 공립박물관 운영 및 사립 박물관 지원성과 반영으로 공립 박물관의 운영 개선 및 사립박물관 지원을 확대 유도한다. 대학평가에 대학박물관 설치 여부, 전문인력 배치, 연구·전시 지원 등 박물관 운영 실적을 반영하여 대학박물관 지원 확대를 유도하고 대학교육 여건을 개선한다. (교육인적자원부, 관련 언론사 등 협력 추진)

4) 박물관 전시와 프로그램의 '대중화'를 위한 과제

• 박물관을 지역 관광의 거점으로 육성

여행정보와 연계, 교통정보 제공, 도로표지판 개선 등을 통한 접근성을 강화한다. 지역박물관 패키지투어 프로그램 및 박물관축제 개발로 친밀도를 제고시킨다. 박물관 편의시설 기준 수립 및 시설개선·확충 등을 지원하고 박물관 관람객의 이용 편의성을 제고시키다. 영월군 '박물관 특구' 등 박물관 밀집지역의 관광자원화 지원을 확대한다.

• 박물관을 사회문화예술교육의 거점으로 육성

어린이박물관 전시·교육프로그램 개발, 운영안내서, 가이드라인 제정·보급 등을 통한 미래세대를 위한 박물관 교육을 강화하고, 부모 주도 학습자료 및 부모 지도용 프로그램 개발 강화한다. 각급 국공립 박물관에 부설 어린이박물관의 확충을 적극적으로 지원하고 어린이박물관 건립 및 운영안내서를 제작하여 보급한다. 아울러 소장품·전시와 연계된 창의적 체험교육 공간으로 운영한다. 공사립 박물관에 에듀케이터의 배치를 확대하여 주5일 수업제와 연계하고 토요프로그램 등 박물관 교육을 활성화한다. 초중등교원의 박물관 연수 프로그램 및 재교육 프로그램을 운영하여 박물관지식정보 이용서비스를 강화하고, 현장실습 및 박물관 연구의 참여를 확대한다. 조기 은퇴자 등 중장년층 박물관 전문자원봉사의 확대를 지원하고, 인근 지자체와 협력하여 대학박물관을 지역 내 사회교육기관으로 육성한다.

• 장애인, 노인, 임산부 등 문화향유 소외계층을 위한 박물관 이용서비스 개선 지원으로 사립박물관 재정 부담 완화

접근로, 주차구역, 출입구, 복도 등의 내부시설, 위생시설, 안내시설, 기타시설 등 편의시설의 설치를 지원한다. (500㎡ 이상 전시시설은 장애인·노인·임산부 등의 편의증진보장에 관한 법률 시행령 제3조 편의시설 설치 대상시설임) 소외계층의 박물관 이용을 위한 보조기기 및 편의서비스를 개발하여 배치하고, 박물관 홈페이지의 장애인 인터넷 정보서비스의 개선을 지원한다.

• 국립박물관의 선도적 역할 강화

공·사립박물관과 공동으로 순회전, 기획전의 개최를 지원하며, 소장품 보존수복 관리, 전문인력 교육 등을 지원한다. CT를 활용한 첨단 전시기법 적용 등 박물관 문화기술 발전의 선도적 임무를 수행한다.

• 국립민속박물관 용산 확대, 이전 건립 추진

세계민속의 전시 및 공연, 비교 체험 기능을 갖춘 다양하고 역동적, 개방적인 박물관(Open Museum)으로 건립한다. 국립중앙박물관, 국립한글박물관과 연계하여, 남산, 용산공원을 아우르는 국가를 상징하는 문화 공간화한다.

• 자연사박물관 건립 추진 지원

국가 자연유산의 보존, 자연사에 대한 이해 제고와 국민의 문화향수를 증진한다. 1세대 학자 · 소장자들의 자연유산 소장품이 멸실, 훼손 우려 등 추진이 시급한 상황이다. (OECD의 GDP 상위 12개국 중 한국(11위)은 국립자연사박물관이 없는 유일한 국가) 문화재청과 공동으로 행정중심복합도시건설청의 세종시 박물관단지 조성사업 중 자연사박물관 건립 프로젝트에 적극적으로 참여한다. 박물관단지 조성 및 자연사박물관을 건립(행복청), 전시콘텐츠 확보와 박물관 운영(문화부), 자연유산연구소를 운영한다(문화재청).

• **해외박물관 한국실 지원 체계화**

한국실 지원사업의 원활한 추진을 위한 기관 간 협력체계를 구축한다. 관련 부처와 주요 박물관 공동으로 종합적 협력체계를 구축한다. 해외박물관 한국실 조성 종합 지원계획을 수립하고, 관련 사업의 협력을 진행한다. 지원정책의 기초자료가 되는 관련 통계를 체계적으로 생산하고 관리한다. DB 및 허브사이트 구축, 네트워크 진흥 등을 추진한다. 박물관별 해외박물관 한국실 지원 전담부서 지정·운영하여 유물·전문인력 지원 등 박물관별 총괄 지원체계를 구축한다.

2. 대학박물관의 미래를 위한 제안

우리나라 최초 대학박물관인 고려대학교박물관을 시작으로 여러 대학이 박물관을 운영하고 있다. 하지만 대학 학문의 일부분으로서 기능할 뿐 박물관으로서 기능에는 못 미친다. 예산, 인력, 행정 등 국공립과 사립박물관과 비교해 특징 없는 박물관이 많다. 이러한 대학박물관의 미래를 위해서는 대학 내 인식개선과 더불어 자체 성장을 마련할 지원정책이 시급하다. 이제 대학박물관은 단순한 학문의 연장선이 아닌 지역사회와 함께 움직여야 한다. 그리고 대학 내 문화시설(도서관, 공연장 등)과 어울려 토탈뮤지엄으로 새롭게 태어나야 한다. 이를 위해서는 운영 내실화를 위한 '대학설립·운영 규정'의 관련 사항 변경, 대학 교육역량강화사업 평가지표 변경이 필요하다.

환경변화와 문화시설 현황

이제 대학도 4차 산업혁명시대에 지역발전의 견인차가 되고, 국가 경쟁력 강화를 위한 고등교육의 질을 높이고 학습기회 확대 및 수요자 중심의 다양한 교육과정을 개발할 필요가 있다. 대학은 평생학습 사회에 있어서 학생·구성원·지역사회의 인력 개발 기관으로서 전통적인 정규학생들보다 비정규 성인학습자가 증대할 것으로 보인다. 또한, 과거 엘리트주의적 대학운영에서 대중화, 보편화 단계로 전환될 것이다. 따라서 사회생활 및 직업과 관련해 일반 성인 대상 다양한 교육이 필요하다. 3차 산업 구조 중심의 틀을 넘어서 4차 산업혁명시대 산업으로 방향 전환에 따라 새로운 아이디어, 기술, 사업 모델, 문화형태 등 새로운 산업을 창출할 수 있는 본원적 인간 능력인 창조성에 대한 투자가 필요한 시점이다. 미국의 경우 전체 산업 인력의 30%인 창조업 재직자가 전체 수익의 47% 창출하고 있다.

대학 내 문화시설의 하나인 대학박물관은 정원과 연동되지 않는 부속시설로 시설규모나 자료 수집 수준이 미흡하다. 대학평가대상에 포함되지 않아 대학박물관의 설립 및 운영에 대한 대학 당국의 관심이 적어 지원 미흡으로 박물관 활동이 침체하여 있다. 교사시설은 기본시설, 지원시설, 연구시설, 부속시설(현 규정상 박물관 포함) 등 4종이며, 이중 '부속시설'은 정원관리와 연동되지 않아 설치에 소극적이다. 박물관을 제외한 문화시설에 관하여는 설치기준 등이 전혀 없는 상황이며, 문화활동에 대한 지원도 미흡하다. 대학의 문화 시설은 박물관 119개, 미술관 5개, 공연시설 47개소에 불과하다.

미래 대학박물관을 위한 의견

미래 인재를 위한 대학박물관의 역할은 환경변화와 더불어 변화된 대학사회에서 찾아볼 수 있다. 과거 융합된 학문에서 세분화, 전문화된 학문, 맞춤식 인재교육으로 기업과 사회에 부합된 교육 등 대학교육의 질적, 양적 변화와 맞물린 대학박물관의 변화가 필요하다. 이를 위해 교육인적자원부에 '문화시설'과 '문화활동'을 제안한다.

대학설립·운영규정의 '교사시설' 중 '문화시설' 신설

박물관, 미술관, 공연장 등의 문화시설을 '지원시설'과 같은 등급에 신설하는 것을 제안한다. 이로써 대학 재학생의 문화활동을 촉진하여 지역사회의 문화향유권를 확대하는 등 국가사회의 문화수준 향상에 이바지할 것으로 기대된다. 그리고 국가 문화자산인 박물관 자료의 수집·보존·전시 및 학술적인 조사·연구, 지역 문화연구 및 사회교육기관으로서 박물관 활성화를 도모할 수 있다. 또한, 교내 재학생과 지역주민에 대한 문화활동 기회를 제공하고 적극적이고 역동적인 문화 소통을 담당함으로써 대학 교육의 질을 향상해 창조적 인재 양성에 이바지할 것이다.

대학 교육역량강화사업 평가지표에 '문화활동' 항목 추가

'교육역량강화 지원' 지표에 '문화활동' 항목을 추가하고 학부교육 선진화 선도대학 선정 평가 기준에도 '문화활동' 항목을 추가하기를 제안한다. 이로써 대학의 문화활동 강화를 통해 문화예술 분야 발전에 이바지하고, 미래세대 활발한 참여를 통한 지적·정서적 능력의 균형적인 발달에 이바지할 것이다. 대학은 문화활동의 생활화를 위한 훌륭한 자원을 보유하고 있어, 작은 동기부여에도 효과적인 문화예술 활동성과를 거둘 수 있다. 대학박물관과 미술관을 통하여 소장품 전시, 연구, 조사, 교육활동을 전개하며, 공연장 활용으로 다양한 문화활동의 기회 제공, 지역 문화시설로서 지역주민에 대한 문화 활동 및 교육 등 참여기회를 제공할 것이다.